風水地理

풍수지리를
올바로 알면
부자가 될 수 있다

풍수지리를 올바로 알면 부자가 될 수 있다

최 낙 기

KSI 한국학술정보㈜

• 책을 쓰면서

풍수지리 강의를 시작한지 벌써 5년이 꽉 채워져 간다. 풍수 공부를 시작할 무렵에는 강의를 할 것이라는 목표나 희망을 가지지 않았었는데, 어느 날 갑자기 시작한 강의가 오늘에 이르고 있다. 노후에 운동 삼아 취미 삼아 현장 답사를 하면서 풍수 공부를 하면 더할 나위 없이 좋을 거라는 기대와 희망만을 가졌을 뿐이었다.

얼떨결에 시작한 강의를 준비할 무렵에 교재 선택에 대한 고민이 있었다. 풍수지리를 차근차근 가르칠 수 있는 적절한 교재가 없었기 때문에 생긴 고민이었다. 그나마 교재로 사용할 수 있는 책은 절판이었다. 그렇다고 여러 권의 책을 구입하게 하여 필요한 부분만을 강의하기에는 더더욱 쉽지 않은 문제였다. 할 수 없이 매 시간마다 강의록을 만들어 복사하여 나누어 보면서 강의를 할 수 밖에 없었다. 그 방법도 궁여지책일 뿐 편안한 방법은 아니었다.

풍수지리 이론을 처음 배우는 분들이 기초를 확실하게 할 수 있는 교과서 형식의 풍수지리 책이 분명히 필요하다는 것을 절실히 느끼면서 원고를 준비하기 시작하였다. 그리 오래 걸리지 않아 원고는 작성되었으나 출판을 결심하기 까지는 오랜 시간이 걸렸다. 책방에 꽂혀있는 풍수 책의 종류는 많으나 독자들로부터 읽히는 책은 얼마나 될 것이며, 독자에게 올바른 풍수 이론을 전달해줄 책은 과연 얼마나 될 것인지를 놓고 고심하지 않을 수 없었다. 물론 그 책들은 저자 나름대로 최선을 다하여 쓰여 졌을 것이며, 모두가 소중한 내용을 담고 있었으리라고는 본다.

그러한 고심 끝에 출판을 결정하였다. 장고 끝에 악수를 두지 않는다는 신중한 결정이다. 적어도 나에게 풍수를 지도해 주신 선생님과

내 강의에 귀 기울여 주시는 분들에게 누가 되지 않도록 나름대로 노력을 하였다고 판단했기 때문이다. 그리고 풍수 공부를 시작하는 분들에게 정확한 풍수 이론을 전달해야 한다는 의무감도 작용하였다.

　내가 풍수공부를 막 시작했을 때 선생님으로부터 들은 말씀이 지금도 기억에 생생하다. 풍수 공부를 제대로 하려면 "첫째, 좋은 스승을 만나야 한다. 둘째, 책을 많이 읽어야 한다. 셋째, 답사를 많이 하여야 한다."는 말씀이었다. 현재 내 위치에서 되뇌여 보아도 너무나 좋은 말씀이고, 풍수 공부를 하는 사람이라면 언제나 기억하고 있어야 할 내용이다. 이 말씀 중 '책을 많이 읽어야 한다.'는 말이 시사하는 바는 올바로 된, 제대로 된 내용을 담은 책을 많이 보아야 한다는 것일 게다. 그래서 더더욱 제대로 된 책을 쓰기 위해 노력하였다. 그러나 이 모든 것은 책을 읽어주시는 분들이 판단을 해 주실 것이다.

　내가 풍수공부를 하면서 느꼈던 점은 내 실력이 쌓여 갈수록 '오만방자하거나 경거망동해서는 안 된다', 그리고 '항상 겸손해야 한다.'는 것이다. 앞으로도 지속적으로 이런 점에 유의하여 풍수 공부와 지도를 해 나갈 것이다. 끝으로 이 책이 풍수지리를 공부하려는 모든 분들에게 올바른 풍수 이론을 전달해 줄 수 있는 지침서가 되기를 기대해 본다.

2007. 2　최낙기

• 목 차

제 2 장 풍수지리 이론

제 3 장 양택

제 4 장　물형론

제1장 풍수지리의 기본

1.1. 풍수지리 개요

우리들에게 '명당(明堂)'이란 용어가 그리 낯설지 않다. 그 용어를 어려서부터 자주 들으면서 자랐기 때문이다. 산골 마을에서는 햇볕이 잘 들고, 바람이 적어 잔디가 잘 자라는 묏자리가 놀이 공간으로는 으뜸이었기에 그렇다.

명당이란 별다른 곳이 아니다. 인공적으로 다듬어 만든 곳이 아닌 자연 그대로 이면서 햇볕이 잘 들고, 바람을 잘 막아주고, 자연재해로부터 보호 받을 수 있는 공간(空間)이면 그만이다.

우리들이 짧게는 잠깐 혹은 하루만 묵어가는 야영지(野營地)를 정할 때에도 안전하고 편안하게 묵을 수 있는 여건을 갖춘 곳을 찾는다. 즉 식수(食水) 조달이 가능하고, 숙면(熟眠)을 취할 수 있어야하며, 재해로부터 피해를 당하지 않을 조건 등이 고려된다.

이와 같이 짧은 시간을 묵어가는 야영지도 조건을 따져가며 정하는 것이 인간의 본능이며, 이러한 본능을 충족시켜줄 수 있는 논리가 바로 풍수지리(風水地理)이다.

그래서 풍수지리는 우리 민족의 수많은 기층사상(基層思想) 중 가장 폭 넓고 오랜 세월 동안 유지 되어온 사상(思想)이다. 샤머니즘적 사상에서 풍수지리 논리가 나오지 않았는지 의구심이 들 정도이다. 이와 같이 풍수지리가 우리와 함께 오랜 세월동안 함께 할 수 있었던 것은 그 논리가 가지고 있는 친 자연적이면서 과학적인 면이 있기 때문이다.

1.2. 풍수지리의 역사

풍수지리(風水地理)는 중국에서 발생하여 이론이 확립되어 진 것으로 보는 것이 일반적인 견해다. 한(漢)나라 때 청오자(靑烏子)라는 사람이 지었다고 전해지는 『청오경(靑烏經)』이 위작이 아니라면 풍수지리의 이론이 체계화된 것이 2000년을 넘게 된다. 그 이후 진(晋)나라 때의 곽박(郭璞, 276~324년)은 『장서(葬書)』를 지었는데 이 책은 당(唐)나라 현종(唐玄宗)이 금낭(錦囊)에 넣어 보관하였다 하여 『금낭경(錦囊經)』이라는 이름으로 더 알려져 있다.

이와 같이 중국에서 체계화된 풍수지리 이론이 언제인지는 불분명하나 우리나라에 전해졌을 것으로 추측된다. 물론 음양오행사상(陰陽五行思想)이라든지 사신도(四神圖)와 같은 벽화(壁畵)가 발견되기는 하였으나, 중국으로부터의 전래는 통일신라(統一新羅) 이후 당(唐)나라와의 문화적 교류가 빈번하던 때로 보아야 할 듯하다.

우리나라의 풍수지리의 원조는 옥룡자(玉龍子) 도선(道詵, 827~898년)으로 알려져 있지만 그 이전에 우리나라에 풍수설이 도입되었을 것으로 보인다. 도선(道詵)이 풍수지리를 습득하였던 곳이 전남 남해안지역이었다는 것으로 보아 이 지역에 이미 풍수지리 논리가 유포되어 있어 도선(道詵)이 풍수지리를 공부할 수 있었던 계기가 된 것 같다.

왜냐하면 우리나라는 산악국(山岳國)이라 산(山)이 많은 만큼 골짜기도 많은 지형(地形)이다. 골짜기가 많으면 바람 또한 많아 이에 적응하여 살아가는 방법이 모색되었을 것이다. 그래서 우리나라만의 특이한 풍수지리 방식이 있었을 수도 있으나 이는 비보풍수(裨補風水)와 같은 우리식의 풍수였을 것으로 여겨진다. 그러나 이와 같은 논리가 체계화된 기록이 없어 단순히 추정만 할 뿐이다.

1.3. 동기감응(同氣感應)

풍수지리(風水地理)의 핵심은 동기감응(同氣感應)이다. 일부 풍수지리를 공부하는 분 중에 양택(陽宅)의 발복(發福)은 인정하면서, 음택(陰宅)의 발복은 부정하는 경우가 있다. 필자가 보기에 모순(矛盾)임이 분명하다. 음택의 발복, 즉 동기감응을 왜 꼭 죽은 자의 유골과 산자의 뼈와의 감응만을 연결 지어 생각하는가?

그 이유는 동기감응과 발복을 따로 분리하여 생각하기 때문이거나, 풍수지리의 폐단인 묘지풍수 문제를 비켜가기 위한 얄팍한 수단으로밖에는 생각되지 않는다.

음택풍수에서의 동기감응을 부정하는 자 들이 인용하는 문장은 담헌(湛軒) 홍대용(洪大容)의 『담헌서(湛軒書)』 의산문답(毉山問答)에 나오는 다음 문장이다.

> 택조(宅兆, 무덤)의 길흉과 자손의 화복이 한 기(氣)로 감응(感應)된다고 하는데 과연 그런 이치가 있습니까? 중형(重刑)을 당한 죄수가 옥(獄)에 있을 때 겪는 고통이 견딜 수 없다하여, 죄수의 아들이 몸에 악한 병이 생겼다는 말을 듣지 못했거늘, 하물며 죽은 자의 혼백에 있어서랴?[1)]

그러나 다음 문장은 언급조차도 하지 않는다.

> 그렇다면 사람이 죽어 장사 지내는데, 그 묘(墓)자리가 길하지 않으면 바람과 불이 재앙을 만든다 하니, 또한 그런 이치가 있습니까?
> 수화와 풍기(風氣)는 운행하는 길이 있으니, 실(實)을 만나면 피해 달아나고 허(虛)를 만나면 모이게 된다. 장사를 지냄에 있어 그

---

1) 盧子曰, 宅兆有吉凶子姓有禍福, 一氣感應亦有其理乎. 實翁曰, 重囚在獄宛轉楚毒 至不堪也. 未聞重囚之子身發惡疾. 況於死者之魂魄乎.

옳은 방법(道)을 잃으면 재앙이 반드시 이르나니, 해골이 엎어지거나 뒤처지거나 타버리거나, 심지어 벌레가 생기고 썩어 엎어지기까지 함은 장사를 안전하게 지내지 못한 때문이다.2)

또한 주자(朱子)는 『산릉의장(山陵議狀)』에서 다음과 같은 말을 했다.

유골을 온전하게 모셔 그 혼령이 편안하다면, 즉 그 자손이 번성할 것이며 제사가 끊이지 않을 것입니다. 이것이 바로 자연의 이치입니다.3)

다음은 정자(程子)의 『장설(葬說)』에 나오는 말이다.

땅이 좋으면, 곧 그 곳에 모셔진 신령이 편안할 것이며, 그 자손이 번성할 것이다. 이것은 마치 나무의 뿌리를 잘 북돋아 주면 가지와 잎이 무성해지는 이치와 같은 것이다. 땅이 나쁘면 곧 반대로 된다.4)

아버지와 할아버지, 그 자손은 같은 기운을 갖는다. 조상의 유골이 편안하면 곧 그 후손이 편안하고, 조상의 유골이 편치 못하면 곧 그 후손이 또한 불안한 것이 그와 같은 이치이다.5)

죽은 자의 유골이 좋은 땅에 모셔졌다 해서 살아있는 후손에게 좋은 영향을 직접 준다는 것을 누구도 그 과정을 입증하지 못했다. 그러나 인간이 좋은 터에 집을 짓고 살면 건강하고, 의욕적이고, 모든 일을

---

2) 虛子曰, 然則, 人之死也, 葬不得其地, 則風火之爲災亦有其理歟. 實翁曰, 水火風氣運行有脈遇實則走, 遇虛則集葬失其道, 災必立至, 麟覆焦坼, 化生蟲廉骨骸朽散, 不得安厝.
3) 使其形體全而神靈得安, 則其子孫盛而祭祀不絶, 此自然之理也.
4) 美者則 其神體安, 其子孫盛. 若培壅基根而, 枝葉茂理固然矣. 地之惡者則反是.
5) 父祖子孫同氣. 彼安則此安, 彼危則此危亦其理也.

적극적이면서도 자신 있게 추진하여 좋은 결실을 맺는다는 것은 부정하지 않는다. 바로 좋은 터에 살면 발복이 있음을 인정하는 것이다.

필자는 좋은 터란 '살기에 좋은 환경을 갖춘 땅'이라고 단정하고 싶다. 그러면 음택(陰宅)에서의 동기감응 문제도 쉽게 풀린다. 조상을 좋은 땅에 모신 결과 자신의 일이 잘되고 있다는 심리적 효과인 자신감과, 묘지의 주변 환경이 좋은 땅이기 때문에 조상을 참배하는 시간동안 머물면서 얻어지는 땅의 좋은 기운의 영향으로 신체 건강이 좋아질 수밖에 없다는 것이다. 이와 같이 심리적인 효과와 신체적인 효과가 바로 동기감응(同氣感應)이라고 생각한다.

1.4. 풍수지리의 원리

1.4.1. 풍수지리의 유파

풍수지리란 땅이 가지고 있는 고유의 성격을 파악하여 그 땅이 가지고 있는 특성에 맞는 용도로 활용하는 게 풍수지리의 근본 목적이다. 땅의 용도(用度)가 결정되면 그 용도에 걸 맞는 위치와 방향을 정하여 그 땅을 활용하게 된다. 이와 같은 논리를 형세론(形勢論)이라 하며, 그 터의 방향과 수구(水口)의 방향을 오행(五行)의 상생상극(相生相剋) 논리로 길흉(吉凶)을 판단하는 것을 이기론(理氣論)이라 한다.

1) 형세론(形勢論)

땅을 보고 그 땅의 생김새와 성격이 인간과의 관계에 어떤 영향과 결과를 가져다줄지를 파악하는 것을 형세론(形勢論)이라 한다.

즉 그 땅이 특정 공간과의 관계에서 잘 감싸주고 있는지, 그래서 물도 그 공간을 잘 감싸 도는지, 물이 빠져나가는 수구(水口)는 일직선이 아니고 구불거리는지, 바람이 들어오는 공간이 없는지를 파악 분석하는 것을 말한다.

2) 이기론(理氣論)

음양오행(陰陽五行)과 방위(方位)를 가지고 땅의 성격을 분석하는 것이 이기론(理氣論)이다. 조선조 태조(太祖) 이성계가 계룡산에 도읍지를 정하고 공사가 진행 중 일 때 경기도 관찰사 하륜(河崙)이 올린 상소문에 송(宋)나라 호순신(胡舜申)이 지은 지리신법(地理新法)이라는 이기론 서적이 언급되면서 이기론이 활용되게 된다. 그러나 호순신도 정작 "지리는 형세를 근본으로 한다. 형세가 있고나서야 이 법(호순신의 지리신법)을 시행할 수 있다"고 하여 형세의 중요성을 인정하고 있다.

1.4.2. 풍수지리의 유형

살아있는 사람이 거주할 수 있는 공간을 양택풍수(陽宅風水) 또는 양기풍수(陽基風水)라 하고, 죽은 자를 위한 공간을 음택풍수(陰宅風水)라 한다. 양택(陽宅)이나 음택(陰宅)의 공간(空間)에서 부족한 곳을 고쳐 사용하는 것을 비보풍수(裨補風水)라 하고, 지나치게 강한 곳을 고쳐 사용하는 것을 진압풍수(鎭壓風水)라 한다.

1) 음택풍수(陰宅風水)

죽은 자를 위한 공간인 음택풍수(陰宅風水)에는 유골(遺骨)을 모시는 무덤[墓], 화장(火葬)을 한 유골을 모시는 납골당(納骨堂), 사리를 모신 부도(浮屠), 사람이 태어날 때 생긴 태(胎)를 모시는 태실(胎室) 등이 있다.

2) 양택풍수(陽宅風水)

사람이 살아가는 집[住宅]이나 아파트, 마을, 중소도시(中小都市), 도읍지(都邑地), 회사 건물, 관공서 건물, 종교건물, 아름다운 풍경을 즐기며 쉴 수 있는 정자(亭子)나 누각(樓閣) 등을 양택풍수(陽宅風水)라 한다.

3) 비보진압풍수(裨補鎭壓風水)

비보진압풍수(裨補鎭壓風水) 종류에는 글자, 남근석(男根石), 누각(樓閣), 당간(幢竿), 당산나무, 비보 숲, 비보진압사찰(裨補鎭壓寺刹), 사당(祠堂), 서낭당, 석불(石佛), 석상(石像), 석탑(石塔), 연못, 장승, 정자(亭子), 조산(造山) 등이 있다. 비보진압풍수에 대한 내용은 뒤에서 자세히 언급하기로 한다.

1.5. 풍수지리의 기초이론

1.5.1. 풍수지리의 용어

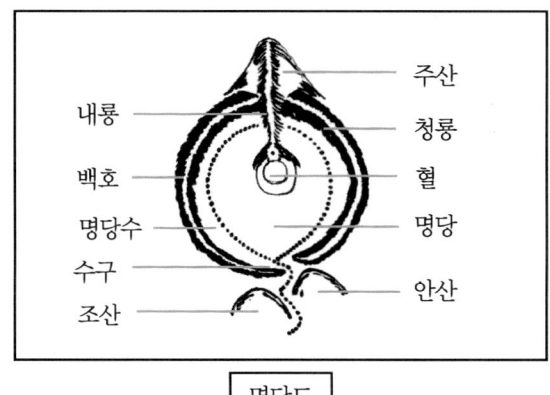

명당도

1) 주산(主山): 혈(穴) 뒤에 우뚝 솟아 있는 산.

2) 내룡(來龍): 주산(主山)에서 혈(穴)까지 이어 주는 산줄기.

3) 혈(穴): 사람이 거주 할 수 있는 공간이나 유골(遺骨)을 보관하는 공간.

4) 청룡(靑龍): 혈(穴)을 왼쪽에서 감싸주는 산줄기.

5) 백호(白虎): 혈(穴)을 오른쪽에서 감싸주는 산줄기.

6) 안산(案山): 혈(穴)의 바로 앞에 있는 산.

7) 조산(朝山): 혈(穴) 앞쪽에 있으면서 안산보다 멀리 있는 산.

8) 수구(水口): 물이 흘러나가는 구멍으로 파구(破口) 또는 합수(合水)라고도 함.

9) 명당수(明堂水): 혈(穴)과 청룡, 혈(穴)과 백호 사이에서 흐르는 물.

10) 객수(客水): 혈(穴) 바로 옆에 있는 청룡과 백호 밖에서 흐르는 물.

11) 명당(明堂): 혈(穴) 앞에 펼쳐진 넓은 공간, 신하가 임금을 배알하는 장소.

1.5.2. 풍수지리의 원리

1) 간룡법(看龍法)

주산(主山)과 혈(穴)을 이어주는 산줄기를 내룡(來龍)이라 하며, 이 내룡의 상태를 살펴보는 것을 간룡법(看龍法)이라 한다.

간룡법의 목적은 내룡이 살아 있는지, 죽었는지를 확인하는데 있다. 살아있는 내룡을 생룡(生龍)이라 하고, 죽은 내룡을 사룡(死龍)이라 한다. 내룡이 살아 있어야 주산으로부터 공급되는 지기(地氣)가 혈까지 무난히 전달되어 좋은 것으로 보는데, 우리 가정(家庭)의 상수도(上水道) 시설과 비교하면 이해하기 쉽다.

정수장(淨水場)을 주산, 가정집을 혈로 간주한다면 물을 공급하는 관(管)은 내룡에 해당된다. 관이 끊겼거나 흠이 있다면 정수장으로부터 공급되는 물이 가정집에 제대로 전달되지 않는 이치와 다르지 않다. 그래서 온전한 관을 생룡으로, 흠이 있거나 끊긴 관을 사룡으로 분류하면 된다.

2) 장풍법(藏風法)

혈(穴) 주변의 지형지세(地形地勢) 즉 청룡(青龍), 백호(白虎), 주작(朱雀, 案山), 현무(玄武, 主山) 등을 살피는 것을 장풍법(藏風法)이라 한다.

장풍법의 목적은 혈 주변의 지형[砂]이 혈을 잘 감싸면서 보호하는 데 문제가 없는지를 살펴, 혈이 외세(外勢)로 부터 보호되는 상태를 확인하는데 있다. 혈 주변에 있는 사(砂)는 마치 주택의 담장 또는 안방의 벽(壁)과 같은 역할을 하기 때문이다.

집안의 담장에 흠이 있거나 방의 벽에 구멍이 있다면 그 흠이나 구멍으로 찬바람이 들어오고, 집안 내부가 외부인에게 노출되거나 무단 침입 등의 우려가 있어 그 주택에 거주하는 사람의 마음이 항상 편안하지 못할 것이다. 그래서 담장이 일정한 높이를 갖고 완벽하게 서 있어야 거주하는 사람이 평안하듯, 혈 주변의 사(砂) 또한 그래야 한다.

3) 득수법(得水法)

혈(穴) 주변에 있는 물을 확인하고 살피는 것을 득수법(得水法) 또는 관수법(觀水法)이라 한다. 명당수(明堂水)와 우물[泉]은 혈의 규모와 인구수, 그 혈[터]이 지속하여 유지될 수 있는 기간, 그 혈에 거주하는 사람의 건강과 부(富)의 척도를 예측할 수 있어 혈을 정할 때 아주 중요한 요소로 작용한다.

혈이 명당수가 환포하는 지형에 위치하면 집중호우 시에도 안전할

뿐더러 평상시에도 안정감을 가져다주나, 공격사면 즉 반궁수(反弓水)에 해당하면 평상시에도 안정감이 떨어지며 집중호우 시에는 수해(水害)를 당할 우려가 크다. 또한 명당수는 '식수공급, 습도유지, 생활오수 성화, 농업용수 공급'이라는 기능이 말해주듯 거주하는 사람에게 중요한 역할을 담당하기 때문에 항상 물의 량이 일정하면서 물맛이 좋고 깨끗해야함은 더할 나위 없다.

4) 정혈법(定穴法)

내룡(來龍)이 생룡(生龍)이고, 주변의 사(砂)가 완전하며, 물[川, 泉]을 얻어 이롭게 활용할 수 있는 공간에 터를 정하는 것을 정혈법(定穴法)이라 한다. 즉 터를 정하기 위하여 간룡법(看龍法), 장풍법(藏風法), 득수법(得水法)을 활용하는 것이다. 이때 산 사람이 거주하는 혈(穴)을 양택(陽宅), 죽은 자를 위한 혈을 음택(陰宅)이라 한다.

5) 좌향법(坐向法)

혈(穴)이 정해지면 집 또는 무덤의 방향을 결정하는 것을 좌향법(坐向法)이라 한다. 이때 좌향(坐向)이란 어느 기준 점에서 보아 뒤쪽을 좌(坐), 앞쪽을 향(向)이라고 한다. 즉 남향(南向) 집을 기준으로 설명하면 집 뒤쪽 즉 북쪽이 좌가 되고, 집에서 바라다 보이는 남쪽을 향이라 표현한다. 예컨대 좌와 향은 일직선상에서 서로 반대방향을 일컫는다.

풍수지리에서는 대개 24방위(方位)를 사용하는데, 양택에서는 8방위를 사용한다. 사방(四方) 360°를 24방위로 나누기 때문에 한 방위가 15°임을 말하기도 하며, 양택에서는 24방위를 3개씩 묶어서 8방위를 사용하기 때문에 한 방위가 45°이다.

1.6. 음양오행(陰陽五行)

1.6.1. 음양(陰陽)

1) 음양(陰陽)의 실례

陽	男	左	溫	生	天	홀수	日	晝	東	前	春
陰	女	右	冷	死	地	짝수	月	夜	西	後	秋

2) 결혼식(結婚式)의 남녀 위치

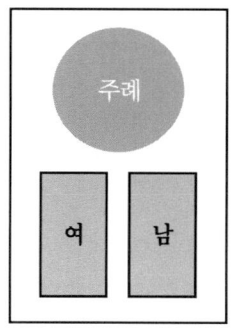

3) 합장묘(合葬墓)의 남녀 위치

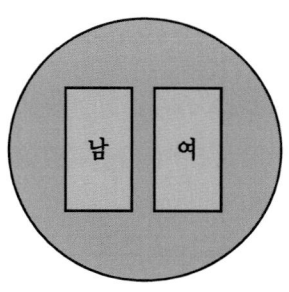

1.6.2. 오행(五行)

1) 오행(五行)의 상생상극(相生相剋)

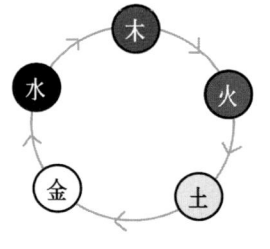

相生

木生火: 나무는 불을 낳는다.
火生土: 불은 흙을 낳는다.
土生金: 흙은 쇠를 낳는다.
金生水: 쇠는 물을 낳는다.
水生木: 물은 나무를 낳는다.

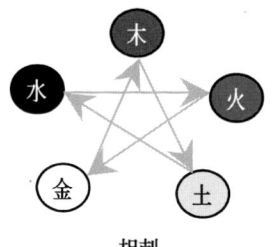

相剋

木剋土: 나무는 흙을 이긴다.
土剋水: 흙은 물을 이긴다.
水剋火: 물은 불을 이긴다.
火剋金: 불은 쇠를 이긴다.
金剋木: 쇠는 나무를 이긴다.

2) 오행(五行)의 배속체계

區分	木	火	土	金	水
方位	東	南	中央	西	北
季節	春	夏	四季	秋	冬
五常	仁	禮	信	義	智
五味	酸(신맛)	苦(쓴맛)	甘(단맛)	辛(매운맛)	鹹(짠맛)
五數	3, 8	2, 7	5, 0	4, 9	1, 6
五色	靑	赤	黃	白	黑
五神	靑龍	朱雀	皇帝	白虎	玄武
五臟	간, 담	심장, 소장	비, 위	폐, 대장	신장, 방광
五音	ㄱ, ㅋ	ㄴ, ㄷ, ㄹ, ㅌ	ㅇ, ㅎ	ㅅ, ㅈ, ㅊ	ㅁ, ㅂ, ㅍ
天干	甲, 乙	丙, 丁	戊, 己	庚, 辛	壬, 癸
地支	寅, 卯	巳, 午	辰戌丑未	申, 酉	亥, 子

1.6.3. 오행산형(五行山形)

산(山)의 생김새에 따라 다섯 종류로 분류하여 오행(五行)에 배속된 산을 오행산형(五行山形)이라 한다.

1) 목형산(木形山)

나무처럼 뾰족하게 우뚝 솟은 산을 목형산(木形山)이라 하며, 귀봉(貴峰)이라고도 한다. 특히, 붓끝처럼 뾰족한 산을 문필봉(文筆峰)이라고 부른다. 목형산에서는 문장가, 행정가, 정치가, 문관 등이 나온다고 한다.

2) 화형산(火形山)

산 정상이 불꽃처럼 뾰족뾰족하고 날카롭게 생긴 산을 화형산(火形山)이라 한다. 지기(地氣)가 한 개의 봉우리로 뭉쳐지지 못하여 혈을 맺기 어려우나, 혈이 맺힌다면 강력한 지도력을 가진 자가 태어난다고 한다.

3) 토형산(土形山)

산 정상이 일자(一字) 모양과 같이 반듯한 산을 토형산(土形山) 이라 하며, 일자(一字) 처럼 생겼다고 하여 일자문성(一字文星)이라고도 한다. 일자문성에서 혈이 맺혀지면 세력이 강하면서 재물 운까지 따르는 자가 태어난다고 한다. 특히 안산(案山)일 경우에는 왕(王)이 태어날 수 있다고 한다.

4) 금형산(金形山)

산 정상이 거북이 등처럼 또는 종(鍾)을 엎어놓은 것처럼 둥근 모양을 한 산을 금형산(金形山)이라 한다. 노적가리처럼 생겼다고 하여 노적봉(露積峰)이라 부르기도 한다. 규모가 큰 산에서는 부자(富者)가 날수 있고, 반달이나 초승달처럼 작고 예쁜 산에서는 미인(美人) 또는 왕비(王妃)가 난다고 한다.

5) 수형산(水形山)

산 정상이 물결 모양처럼 오르락내리락하는 산을 수형산(水形山)이라 한다. 지기(地氣)가 볼록볼록 솟은 봉우리로 나뉘면서 흘러가기 때문에 혈이 맺힐 가능성이 없는 산으로 분류된다. 맥(脈)이 내려와도 지각(枝脚)에 지나지 않아 혈을 맺지 못한다.

| 토형산 | 화형산 | 수형산 | 목형산 | 금형산 |

오행산형

제2장 풍수지리 이론

2.1. 용혈사수(龍穴砂水)

2.1.1. 용(龍)

1) 용(龍)의 정의

풍수지리(風水地理)에서는 산(山)을 용(龍)이라고 표현한다. 높이 기봉(起峰)한 곳에서 여러 갈래로 뻗어나가는 산줄기 모습이 마치 용과 같다고 하여 그렇다. 서선술(徐善術)·서선계(徐善繼) 형제가 지은 『인자수지(人子須知)』에서 '풍수지리에서 산을 일러 용이라 하는 것은, 산의 변화가 수많은 형상으로 크고, 작고, 일어나고, 높이 솟고, 살짝 솟고, 숨었다가 드러나고, 언덕과 가지의 모양새가 일정치 않아 약간 움직이는데도 판이하게 다르다. 그러므로 이러한 형태를 용이 꿈틀거리는 것과 비슷하다 해서 산을 용이라 이름 짓고 술법상의 용어로 사용한다. 즉 그 형태가 잠겼다, 보였다, 낮았다, 솟아올랐다 하여 변화무궁함을 취해 얻어진 것이다.'6)라고 하였다.

이 처럼 산줄기를 용(龍)이라 함에는 이의가 없는 듯하다.

2) 용(龍)의 구분

간룡법(看龍法)에서 설명한대로 용(龍)은 살아서 움직이는 모습

---

6) 地理家以山名龍何也 山之變態千形萬象 或大或小或起或逆或順或隱或顯支壟之體 段不常 咫尺之轉移頻異 驗之千物惟龍爲然故以名之 取其潛見躍飛變化莫測云爾.

즉, '뱀이 물을 헤엄쳐 건너는 모습'을 닮은 내룡(來龍)을 가장 이상적인 생룡(生龍)으로 여긴다.

능선을 기준으로 좌우가 대칭을 이루고, 변화할 때 굽은 부분은 솟아오르면서 좌우에서 가지[枝脚]가 나오되 방향은 앞을 향하고, 능선 끝으로 갈수록 솟아오른 정점은 점점 낮아지면서 능선을 가늘게 만든 다음 혈을 이루어야 이상적이다.

반대로 상처가 났거나, 축 늘어져 움직임이 없는 형상, 변화과정에 일정한 규칙이 없거나, 땅이 지나치게 무르거나, 중간이 파이거나, 끊긴 경우는 사룡(死龍)으로 분류한다. 사룡의 경우에는 후손(後孫)이 끊긴다고 하여 꺼려한다.

한마디   내룡(來龍)이 잘리면 절손(絶孫)이 된다?

용비어천가(龍飛御天歌)에 "海東 六龍이 ᄂᆞᄅᆞ샤 일마다 天福이시니, 古聖이 同符 ᄒᆞ시니"라는 말이 있다. '바다 동쪽에 여섯 마리의 용이 나타나시어 하늘이 내려주신 복이시니, 옛 성인과 똑같으시다'라는 말이다.

여기서 여섯 마리의 용[六龍]은 태조 이성계의 가계(家系)를 나타낸다. '목조(穆祖)-익조(翼祖)-도조(度祖)-환조(桓祖)-태조(太祖)-태종(太宗)'을 이른 것이다. 만약 이 가계도(家系圖)에서 어느 한 사람이 없다면 그 이후로는 후손이 없을 것이고, 이 경우를 바로 절손(絶孫)이 된 것으로 본다.

그래서 내룡(來龍)이 끊기면 절손이 된다는 것은 가계도(家系圖) 중간에 어느 한사람이 없는 경우 대(代)가 끊긴 것으로 보는 것처럼, 내룡도 중간이 끊기면 혈에 기가 전달되지 못한데서 연유된 말이다.

3) 용(龍)의 종류

(1) 생룡(生龍)

주산(主山)에서 뻗어 나온 산줄기는 뱀이 물을 건너는 형상과 같으면 생룡(生龍)으로 분류한다. 생룡은 내룡(來龍)이 상하 또는 좌우로의 변화가 있고, 몸에 상처가 없어야 하며, 지각(枝脚)은 내룡이 진행방향으로 나와 있어야 하며, 좌우에 청룡(靑龍)과 백호(白虎)가, 앞에는 안산(案山)이 있어야 한다.

(2) 강룡(强龍)

주산(主山)에서 뻗어 나온 산줄기가 생룡(生龍)과 같은 형상이되, 규모가 크고, 변화과정의 움직임에 힘이 실려 있는 내룡(來龍)을 강룡(强龍)이라 한다.

(3) 순룡(順龍)

주산(主山)에서 뻗어 나온 산줄기가 변화하면서 솟아 오른 봉우리는 부드럽고 아름다우며, 그 봉우리에서 나온 지각(枝脚)은 순하게 펼쳐지며, 변화에도 일정한 질서와 규칙을 유지하고, 좌우의 청룡과 백호가 환포되어 있는 용을 순룡(順龍)이라 한다. 진룡(進龍)과 비슷하되 움직임이 부드러운 모습을 말한다.

(4) 진룡(進龍)

주변의 산들이 가지런하고, 내룡(來龍)의 지각(枝脚)은 좌우에서 일정하게 규칙적으로 나오되 길이와 규모가 고른 것을 말한다. 움직임에 질서와 규칙이 있어 절도 있는 모습과 같은 용을 진룡(進龍)이라 한다.

(5) 복룡(福龍)

내룡(來龍)을 전후좌우에서 겹겹이 감싸주면서 따르는 산들이 많은 경우를 복룡(福龍)이라 한다. 임금이 행차를 하거나, 주인이 출타를 할 때 따르는 신하(臣下)나 하인(下人)이 많은 경우와 같다.

(6) 사룡(死龍)

주산(主山)에서 뻗어 나온 산줄기의 변화가 거의 없거나, 가지 없는 나무처럼 지각(枝脚)이 없거나, 죽은 뱀처럼 축 늘어지거나, 토질(土質)이 무르거나, 땅이 파이거나, 상처(傷處)가 있거나, 잘려졌거나, 움직임에 일정한 규칙과 질서가 없는 용을 사룡(死龍)이라 한다.

(7) 약룡(弱龍)

내룡(來龍)이 허약(虛弱)하면서 변화가 거의 없는 용으로, 지각(枝脚)이 짧거나 거의 나오지 않고, 축 늘어져 처진 느낌이 드는 용을 약룡(弱龍)이라 한다.

(8) 역룡(逆龍)

용의 위아래로의 변화는 크게 엎드리고 살짝 일어나는 모습 즉 대돈소기(大頓小起) 하여야 하나, 작게 엎드리고 크게 일어나는 소돈대기(小頓大起)의 모습은 좋지 않은 것으로 본다. 소돈대기(小頓大起)의 경우 용의 끝부분으로 갈수록 봉우리가 크고 높아지며, 지각(枝脚)은 뒤로 뻗어 움직임에 질서와 규칙을 거스르게 된다. 이와 같은 내룡을 역룡(逆龍)이라 하며, 역룡에서는 불효(不孝), 불충(不忠), 역신(逆臣)의 자손이 난다고 하여 아주 꺼려한다.

(9) 퇴룡(退龍)

용이 위아래로 변화하면서 솟는 봉우리의 크기와 높이에 일정한 질서가 없어, 높고 낮음이 뒤 섞여 있는 용을 퇴룡(退龍)이라 한다.
전투에서 패한 패잔병(敗殘兵)이 퇴각하는 모습을 연상하게 한다.

(10) 병룡(病龍)

내룡(來龍)에 상처가 있거나, 패이거나, 산사태가 났거나, 토석을
채취했거나, 굴을 뚫었거나, 우물이나 연못이 조성된 용을 병룡(病龍)
이라 한다. 또한 내룡에 사당(祠堂)이 있거나, 집을 지으려고 산을 잘
랐을 경우도 병룡에 해당한다.

(11) 겁룡(劫龍)

주산(主山)에서 뻗어 나온 산줄기가 여러 개 이거나, 내룡이 뻗어
나가면서 여러 개의 줄기로 나뉘어 진 용을 겁룡(劫龍)이라 한다. 지
기(地氣)가 응집되지 못하고 분산되어 혈을 맺지 못하며, 어느 용이
정룡(正龍)인지 구분도 불가능하다.

(12) 살룡(殺龍)

주산(主山)에서 뻗어 나온 산줄기가 박환(剝換)이 되지 않는 경우
뼈[巖石]가 드러나고, 앞과 옆은 절벽이 되어 위험하고, 부서지고, 무
너지고, 기울어지고, 곧고 단단하며, 지각(枝脚)이 뾰족하면서 날카로
운 용을 살룡(殺龍)이라 한다.

4) 용(龍)의 변화과정

(1) 박환(剝換)

풍화작용에 의해 산이 다듬어져 험한 산은 부드러워지고, 굵은 것
은 가늘어지고, 높은 곳은 낮게 변하며, 바위는 흙으로, 악한 산은 순
한 산으로 바뀌는 것을 박환(剝換)이라 한다.

(2) 과협(過峽)

과협(過峽)이란 엄밀하게 말하면 봉우리와 봉우리 사이에 끼어 있는 고개를 말한다. 산줄기가 바로 이 과협을 지나게 되는데 내룡의 경우에는 과협이 있으면 좋은 결과를 가져다주고, 청룡(靑龍)과 백호(白虎)에는 과협이 있으면 좋지 않다.

간룡법에서 '정수장(淨水場)을 주산에, 가정집을 혈로 비교하면 물을 공급하는 관(管)은 내룡에 해당 된다'고 하였다. 정수장과 가정(家庭)까지의 거리가 멀면 자연히 수압(水壓)이 떨어져 물이 약하게 나오거나 아예 나오지 않을 수도 있다. 이때 수압을 높이기 위하여 중간에 가압(加壓) 펌프(Pump)를 설치하면 수압이 높아진다.

이와 같이 과협은 가압펌프의 기능처럼 내룡을 통과하는 지기(地氣)는 강하게, 토질은 부드럽게 만드는 역할을 한다. 과협을 속기(束氣), 질단(跌斷), 결인(結咽), 봉요(蜂腰), 학슬(鶴膝)로 표현하기도 한다.

한마디 과협(過峽)의 역할은 ?

첫째, 주산(主山)으로부터 내려오는 지기(地氣)를 더욱 강하게 혈(穴)에 공급한다. 혈이 제대로 맺혔는지 아닌지를 구분하는 방법 중 하나가 과협의 모양에서 결정된다. 과협(過峽)이 지나치게 길거나[長峽], 늘어졌거나, 깊이가 낮으면 제대로 된 힘을 혈로 공급할 수가 없어 혈(穴)이 기울거나 비뚤어지거나 늘어지게 마련이다.

둘째, 주산(主山)으로부터 전달되는 험한 지기(地氣)를 부드럽게 변화시켜주는 박환(剝換)의 기능이 있다. 과협(過峽)이 없는 혈에서는 박환이 되지 않아 혈토(穴土)의 색깔과 윤기, 부드러움이 모자란다. 즉 자갈이 섞여있거나 암석이 그대로 남아있다.

(3) 봉요학슬지처(蜂腰鶴膝之處)

과협(過峽)의 또 다른 표현이다. 바로 이러한 고개가 지나가는 부분[過峽]이 마치 벌의 허리[蜂腰]나 학의 무릎[鶴膝]과 같다고 하여 붙여진 이름이다.

(4) 일기일복(一起一伏)

산이 한번 엎드리고, 한 번 일어나는 형국, 즉 위아래로 변화하는 것을 일기일복(一起一伏)이라 한다. 위아래로의 변화는 대돈소기(大頓小起), 즉 크게 낮아졌다가 약간 솟아오르는 움직임이 가장 이상적인 일기일복의 모양이다.

(5) 굴곡변화(屈曲變化)

산이 좌우로 구불구불 변화는 것을 굴곡변화(屈曲變化)라 한다.

(6) 개장(開帳)과 천심(穿心)

산이 새가 날개를 펼친 것처럼 장막(帳幕)을 넓게 연 것과 같은 모습을 개장(開帳)이라 하고, 천심(穿心)은 개장을 한 산(山) 가운데서 내룡이 뻗어 나오는 것을 말한다.

2.1.2. 혈(穴)

1) 혈(穴)의 정의

사람이 거주하는 집, 또는 집들이 모여 있는 공간이나 죽은 자의 유골을 모신 곳을 혈(穴)이라 한다. 물론 풍수지리(風水地理)에서의 혈이란 '좋은 땅, 핵심적인 곳[明堂] 또는 길지(吉地)'를 말하기도 한다. 혈(穴)이란 어원은 원시인의 주거 형태가 혈거식(穴居式)이었다는데서 유래한 주거(住居)의 개념이다.

『지리정종(地理正宗)』산룡어류편(山龍語類篇)에 "혈은 용의 기가 뭉친 것이다"라고 하였으며, 『조선의 풍수(村山智順)』에 혈을 "용맥(龍脈) 중에서 가장 생기(生氣)가 몰린 곳, 즉 핵심적인 곳이다. 이곳을 혈(穴)이라고 한다"고 하여 혈은 기운이 집중되어 있는 곳을 말한다. 대개 혈은 산이 끝나는 곳에 있다고 보는 게 일반적인 관점이다.

2) 혈(穴)의 구성

혈(穴)은 입수(入首, 乘金)와 선익(蟬翼), 혈장(穴場), 전순(氈脣)으로 구성된다.

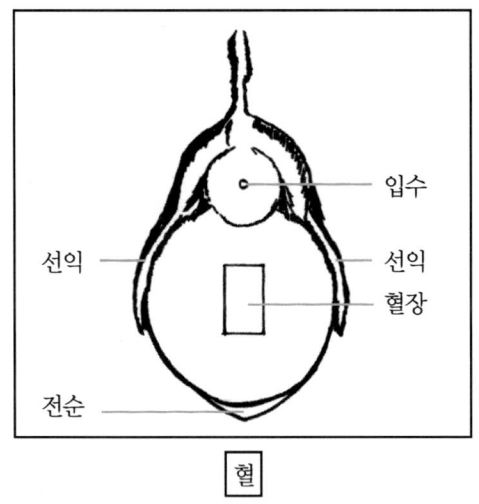

혈

(1) 입수(入首)

① 입수(入首)의 정의

책에 따라 다양한 용어가 사용되는 위치이다. 『장서(葬書, 錦囊經)』에서는 승금(乘金)으로, 다른 책에서는 두뇌(頭腦), 입수도두(入首倒頭)

또는 도두(倒頭)라고 표현하기도 한다. 여기서 말하는 입수는 내룡이 머리를 디밀고 혈(穴)로 들어가려는 순간의 볼록한 부분 곧, 혈에서 선익(蟬翼)을 만들어 주는 도도록한 부분을 말한다.

본래 입수란 '주산(主山)에서부터 혈(穴)까지 이어지는 산줄기'를 말하기도 하는데 이 부분은 입수의 종류에서 다루기로 한다.

입수부분이 볼록해야 좋은 것으로 여기는 것은 내룡을 통해 전달된 지기(地氣)가 혈로 들어가기 위하여 마지막 부분에서 뭉치면 지기의 저장고 역할을 하는 것으로 간주되기 때문이다.

산의 변화 과정에서 볼록 솟은 곳에서는 반드시 지각(枝脚)이 나오는데, 이러한 지각은 지게를 받쳐주는 작대기와 같은 역할을 한다. 그래서 혈(穴)의 입수에서 나온 지각을 선익(蟬翼)이라 하며, 선익이 혈이 되었는지의 판단기준에서 매우 중요하게 고려되는 증거가 된다. 따라서 입수는 볼록하면서 강한 토질로 형성되어야 하며, 술수적으로는 장손(長孫)의 발복을 주관(主管)한다고 한다.

② 입수(入首)의 종류

입수란 주산(主山)으로부터 혈(穴)까지 이어 주는 산줄기의 전 과정을 말한다. 『풍수학사전(김두규, 비봉출판사)』에 입수의 변화과정인 부모(父母)·태(胎)·식(息)·잉(孕)·육(育)이 "소조산(혹은 주산)에서 내려온 용맥이 기복을 이루면서 현무정까지 내려오다가 현무정 바로 못 미쳐 약간 볼록하게 일어난 산[星辰]을 부모(父母)라하고, 그부모 아래 낙맥(落脉)된 곳을 태(胎)라 하며, 태아래 속기(束氣)된 잘록한 곳을 식(息)이라 하는데 마치 부모가 자식을 잉태하여 기르는 과정과 같다. 그리고 이 식에서 다시 성신을 일으킨 곳이 현무정인데 잉(孕)이라고도 한다. 이것을 가리켜 잉(孕)이라 하는 것은 태아가 머리와 형체를 이룸과 같은 까닭에서이며, 잉아래 혈처(穴處)를 육(育)이라 해서 이는 자식이 태중(胎中)에서 나온 것과 같은 형상이다.

따라서 크게 보면 부모, 태, 식, 잉, 육이 모두 입수의 범주에 드는 것들이다"라고 정의되어 있다. 이와 같이 주산에서 혈까지의 산줄기를 입수라 하는 데는 아무런 문제가 없는 것으로 보인다.

입수의 종류에는 직룡입수(直龍入首), 횡룡입수(橫龍入首), 회룡입수(回龍入首), 잠룡입수(潛龍入首), 비룡입수(飛龍入首)가 있으며, 구별 방법은 다음과 같다.

○ 직룡입수(直龍入首)

내룡(來龍)이 좌우 또는 상하로 변화가 없이 혈(穴)까지 곧게 이어지는 입수(入首)를 말한다. 내룡이 혈까지 곧게 이어지기 때문에 멈춤이 없어 힘이 강하다. 따라서 전순(氈脣)등의 여기(餘氣)가 있어야 한다.

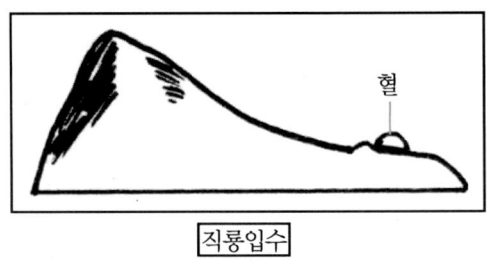

직룡입수

○ 횡룡입수(橫龍入首)

주산(主山)에서 횡(橫)으로 진행하는 산줄기 옆 부분에서 나온 내룡(來龍)이 만든 입수(入首)를 말한다. 본줄기에서 분기(分岐)된 내룡이기 때문에 힘이 약할 수도 있고, 혈(穴) 뒤를 주산이 받쳐주지 못해 뒤가 허하기도 하다. 이러한 점이 보완되기 위해서는 내룡이 분기되는 곳은 볼록하고, 혈 반대쪽으로 지각(枝脚)이 있어야 하며, 다른 봉우리가 혈 뒤를 받쳐 주어야 한다. 이때 분기점의 볼록한 부분을 귀성(鬼星, 鬼山), 혈 뒤에서 받쳐주는 산을 낙산(樂山)이라 한다.

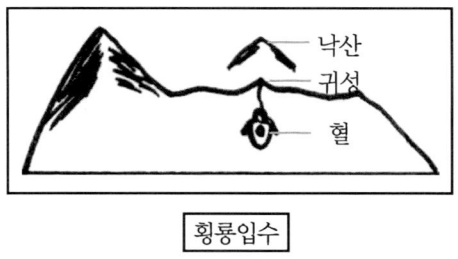

횡룡입수

○ 회룡입수(回龍入首)

내룡(來龍)이 자신이 출발한 조산(祖山)을 돌아다보는 형상으로 혈이 맺히면 회룡고조혈(回龍顧祖穴)이라고 한다. 회룡입수의 경우 조산(祖山)이 안산(案山)이 되어 귀(貴)의 발복(發福)보다는 부(富)의 발복(發福)이 크고, 후손 중에 효자와 충신이 난다고 한다.

회룡입수

○ 잠룡입수(潛龍入首)

내룡(來龍)의 기운이 평지(平地)에서 끝나면서 혈을 맺는 것을 잠룡입수(潛龍入首)라 하며, 이때 맺힌 혈을 평수(平受)라고도 한다. 내룡이 거의 보이지 않거나, 혈장(穴場)이 주산에 바로 붙어 입수가 아주 짧은 경우도 잠룡입수라 한다.

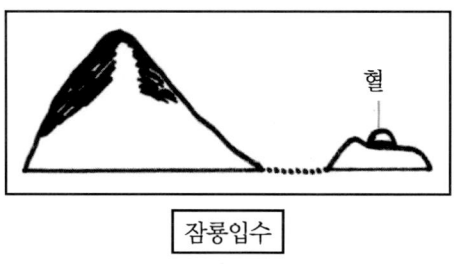

잠룡입수

○ 비룡입수(飛龍入首)

주산(主山)에서 뻗어 나온 내룡이 혈(穴)을 맺기 전에 푹 꺼졌다가 솟아오르면서 혈을 형성한 경우를 비룡입수(飛龍入首)라 한다. 만약 혈이 맺히면 용이 하늘로 날아 오를듯한 기세(氣勢)라 하여 비룡상천형(飛龍上天形)의 명당(明堂)이라고 한다. 비룡입수에서는 부(富)의 발복 보다는 귀(貴)의 발복이 크다고 한다.

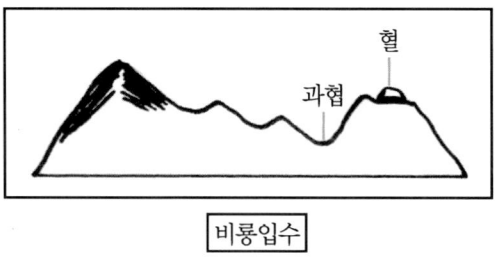

비룡입수

(2) 선익(蟬翼)

선익(蟬翼)은 매미의 날개라는 뜻으로 보일 듯 말 듯, 있는 듯 없는 듯 혈장(穴場)을 감싸고 있는 일종의 지각(枝脚)을 말한다. 내룡의 기세(氣勢)가 혈로 들어가기 직전에 볼록 솟아오른 부위에서 나온 지각이 바로 선익이다. 일부 술서에서는 선익이 확실하면 청룡과 백호가 없어도 괜찮다고 할 정도로 중요한 역할을 한다.

(3) 혈장(穴場)

혈장(穴場)이란 혈(穴)에서 입수(入首), 선익(蟬翼), 전순(氈脣)을 뺀 나머지 부분으로 양택(陽宅)에서는 본관(本館)이 있는 곳을, 음택(陰宅)에서는 유골(遺骨)이 있는 곳을 말하며, 당판(堂坂), 혈판(穴坂)이라고도 한다.

혈장(穴場)의 모양은 계란(鷄卵)과 같이 좌우보다는 상하가 길고 윗부분이 아래보다 넓으며, 앞쪽 끝부분은 둥근 형태를 이루는 것을 이상적인 모양으로 본다. 혈장(穴場)이 크고 풍만하면 차자(次子)의 발복(發福)이 크다고 한다.

(4) 전순(氈脣)

주산(主山)에서 뻗어 나온 내룡을 통하여 전달된 지기(地氣)가 혈(穴)을 만들고 남은 여기(餘氣)로 이루어 진 부분을 전순(氈脣)이라 한다.

전(氈)은 양탄자, 순(脣)은 입술 또는 언저리로 '혈 언저리에 펼쳐진 끝은 입술처럼 둥글고 넓은 양탄자'라는 뜻으로 혈에 안정감을 주는 여백을 말한다. 전순의 길이가 너무 길거나 짧거나 모두 좋지 않은 것으로 본다. 전순은 혈의 끝부분이기 때문에 말자(末子)의 발복(發福)을 주관(主管)한다고 한다.

한마디　　전순(氈脣)의 크기는 ?

전순(氈脣)은 혈(穴)을 만들고 남은 여기(餘氣)로 이루어 진 부분이다. 전순의 규모가 지나치게 크거나 반대로 짧을 경우 모두 좋지 않다고 본다. 지나치게 크면 혈(穴)에 전달될 지기(地氣)가 전순으로 빠져나갔다고 하여 좋지 않게 보고, 작으면 혈(穴)이 균형을 이루지 못해 불안하다.

그러면 어느 정도의 규모가 적당할까?

혈장(穴場) 높이의 1.4배 정도가 가장 안정감이 있다. 피타고라스 정리를 통하여 그 답을 얻을 수 있다.

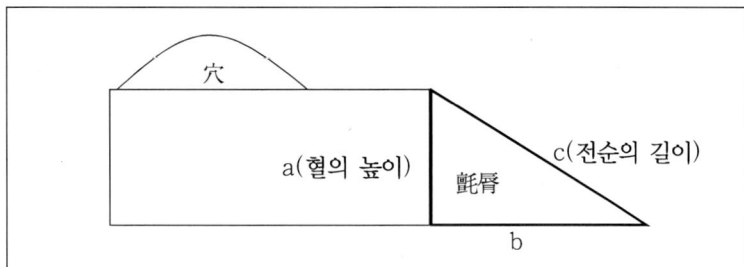

피타고라스 정리에서 $c = \sqrt{a^2 + b^2}$ 다.

a와 b의 길이가 같을 경우 즉, $\angle ac = \angle bc$ 일때, 빗변 c가 제일 큰 힘을 발휘할 수 있다.

a와 b의 길이를 1.0m라고 가정하면, c의 길이는 a의 $\sqrt{2}$ 배 ($=1.414$)이다.

3) 혈(穴)의 종류

혈(穴)에는 와혈(窩穴), 겸혈(鉗穴), 유혈(乳穴), 돌혈(突穴)이 있다. 이 네 개의 혈을 사상혈(四象穴)이라고 하며, 좋은 터 즉 명당(明堂)으로 인정받으려면 사상혈 중 어느 하나에 배속될 수 있어야 한다.

『지리정종(地理正宗)』에 "혈법(穴法)은 사상(四象)인 와(窩)·겸(鉗)·유(乳)·돌(突)이 4자 이상도 이하도 아니다"[7]라고 할 정도이다. 또한, 술사들 사이에서는 혈상(穴象)을 구별할 줄 알면 풍수 실력이 있다고 인정받을 정도로 사상혈의 구별 능력은 중요하다.

(1) 와혈(窩穴)

와혈(窩穴)은 혈성이 입을 벌리면서 둥글게 감싸 안으며 이루어진

---

7) 龍家穴法, 不出窩鉗乳突四字

것으로 소쿠리 명당이라고 하기도 하고, 제비집 또는 닭집 형상으로 표현하기도 한다. 혈처 한쪽을 활처럼 감싸주는 현릉사(弦稜砂)와 혈장(穴場)이 기울어 지지 않게 혈 앞부분에 가로놓인 횡대(橫臺)가 있어야 한다. 현릉사(弦稜砂)와 횡대(橫臺)가 와혈의 혈증(穴證)인 것이다.

와혈에는 두 가지 형체가 있는데 입을 오므린 듯한 장구와(藏口窩)와 입을 벌린 듯한 장구와(張口窩)를 말한다. 와혈의 종류에는 심와(深窩), 천와(淺窩), 협와(陜窩), 활와(濶窩)가 있다.

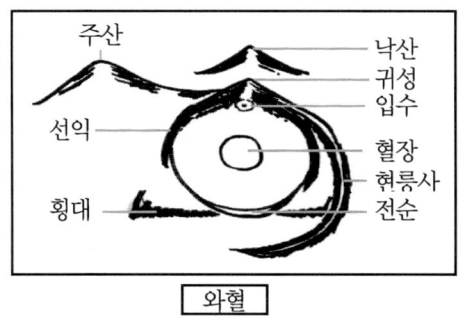

주산
낙산
귀성
입수
선익
혈장
현릉사
횡대
전순

와혈

① 심와(深窩)

심와(深窩)는 굴[窩]이 깊은 형태를 말한다. 그러나 너무 깊어 함몰되었다는 느낌이 들 정도면 좋지 않으나, 그 중에 조그맣게 솟아오르거나, 볼록한 곳이 있으면 괜찮은 것으로 본다.

② 천와(淺窩)

천와(淺窩)란 굴[窩]이 얕은 것을 말한다. 그러나 너무 얕아서 평평하면 좋지 않다. 현릉사(弦稜砂)가 명백하면서 활처럼 감싸는 형태여야 한다.

③ 활와(闊窩)

활와(闊窩)는 굴[窩]이 넓은 것을 말한다. 역시 너무 넓으면 공허하여 좋지 않다고 본다. 조그맣게 솟아오르거나 볼록한 곳이 있으면 좋고, 좌우의 양편이 균등하여 균형을 이루어야 한다.

④ 협와(狹窩)

협와(狹窩)는 굴[窩]이 좁은 것을 말하는 것으로 너무 좁거나 굴[窩]이 둥글지 못하고, 현릉사(弦稜砂)가 명백하지 않으며, 좌우가 균형을 이루지 못하면 좋지 않다.

(2) 겸혈(鉗穴)

겸혈(鉗穴)은 '삼태기명당' 또는 '호랑이 입[虎口]'이라고 하며, 그 형태가 두 다리를 벌린 모양과 같다고 하여 개각(開脚), 차겸(叉鉗), 호구(虎口), 합곡(合曲)으로 불리기도 한다.

겸혈은 양쪽에 나와 있는 지각(枝脚)이 하나는 길고 하나는 짧아야 한다. 양쪽 지각이 똑같으면 서로 부딪히는 경우가 되어 충(沖)으로 작용하게 된다. 또 지각이 너무 길면 설기(泄氣)가 되며, 너무 짧으면 혈을 보호하지 못하여 좋지 못하다.

겸혈은 반드시 대추가 떨어져 있는 것처럼 볼록한 부분이 있어야 하는데, 이것을 낙조사(落棗砂)라 하여 겸혈의 혈증(穴證)으로 삼는다. 겸혈에는 직겸(直鉗), 곡겸(曲鉗), 장겸(長鉗), 단겸(短鉗), 쌍겸(雙鉗)등 다섯 종류가 있다.

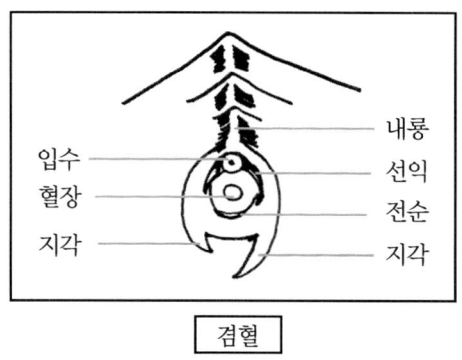

입수
혈장
지각

내룡
선익
전순
지각

겸혈

① 직겸(直鉗)

직겸(直鉗)은 좌우 양쪽 지각(枝脚)이 모두 곧은 혈인데, 지각이 단단하면서 길면 좋지 않고, 작으면서 짧아 아름다운 지각이 좋다. 전순(氈脣)은 둥글고 단정하며, 안산(案山)이 횡(橫)으로 감싸 있으면 더욱 좋다.

② 곡겸(曲鉗)

좌우 양쪽 지각(枝脚)이 굽은 소뿔처럼 혈(穴)을 감싸면서 끝부분이 서로 교쇄(交鎖)되어야 하며, 전순(氈脣)이 둥글면 더욱 좋다.

③ 장겸(長鉗)

좌우 양쪽 지각(枝脚)이 모두 긴 것으로 곧고, 단단하고, 너무 긴 것은 좋지 않다. 그러나 장겸(長鉗)도 안산(案山)이 횡(橫)으로 감싸면 꺼리지 않는다.

④ 단겸(短鉗)

좌우 양쪽 지각(枝脚)이 모두 짧은 것을 단겸(短鉗)이라 한다. 너무 짧으면 혈을 보호하지 못하여 좋지 않으므로 적당히 짧아야 한다.

⑤ 쌍겸(雙鉗)

좌우 양쪽 지각(枝脚)이 둘 혹은 그 이상으로 겹친 경우를 쌍겸(雙鉗)이라 한다. 지각들이 서로 조화를 이루어야 아름답고, 서로 충(沖)하면 좋지 않다.

(3) 유혈(乳穴)

유혈(乳穴)은 그 모습이 마치 여인의 가슴과 같다 하여 붙여진 이름으로 수유(垂乳), 유두혈(乳頭穴)이라고도 한다. 유혈은 반드시 두 팔이 감싸 안은 듯 청룡과 백호가 있어야 진혈(眞穴)을 이루며, 혈증(穴證)으로 선익사(蟬翼砂)를 요구한다.

유혈에는 장유(長乳), 단유(短乳), 대유(大乳), 소유(小乳), 쌍수유(雙垂乳), 삼수유(三垂乳) 등이 있다.

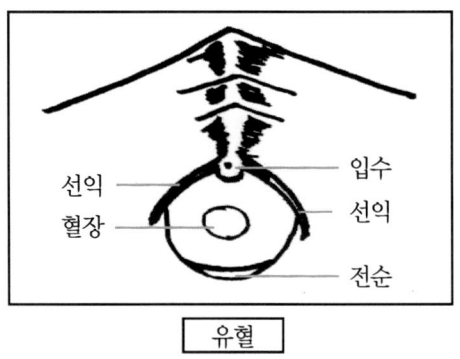

유혈

① 장유(長乳)

장유(長乳)란 유형(乳形)이 긴 것을 말하는데, 너무 길면 좋지 않다.

② 단유(短乳)

단유(短乳)란 청룡과 백호 중간에 매달린 유(乳)가 짧은 것으로 너무 짧으면 기(氣)가 약하여 좋지 않다고 본다.

③ 대유(大乳)

대유(大乳)는 유(乳)가 큰 것을 말하는데, 너무 크면 꺼려한다.

④ 소유(小乳)

소유(小乳)는 유(乳)가 작은 것을 말하는데, 너무 작은 것은 꺼려한다.

⑤ 쌍수유(雙垂乳)

쌍수유(雙垂乳)는 유(乳)가 두개인 혈을 말하며, 크기와 형세(形勢)가 비슷하고 좌우가 환포되어야 좋다. 크기에 차이가 있을 때는 그 중에서 아름다운 곳에 혈을 정하면 좋다.

⑥ 삼수유(三垂乳)

삼수유(三垂乳)는 유(乳)가 세 개인 혈인데, 유의 크기와 형세가 비슷하고 좌우가 환포해야 좋다. 크기에 차이가 있을 때는 그 중에서 아름다운 곳에 혈을 정하면 좋다.

(4) 돌혈(突穴)

돌혈(突穴)이란 가마솥을 엎어놓은 모양 또는 종(鐘)의 모양, 물위에 떠있는 거북의 등과 같이 우뚝 솟아 생긴 형상을 말한다. 돌혈은 본래 바람이 닿는 것을 꺼려하기 때문에 청룡과 백호가 혈을 감싸 장풍(藏風)이 잘 되어야 한다. 장풍이 되지 않는 곳에서는 돌혈이 형성될 수 없다. 바람에 의해 혈장이 형성될 곳에 골이 만들어지기 때문이다. 그러나 평지에서는 바람이 지면(地面) 가까이 지나가기 때문에 바람을 그다지 두려워하지 않는다.

혈증(穴證)으로 네 귀퉁이에 가느다란 산줄기 즉 현침사(懸針砂)가 있는 것을 요구하며, 현침(懸針)의 간격과 규모가 같아야 좋은 것으로 본다.

현침(懸針)이 지나치게 크거나 길면 설기(泄氣)가 되어 좋지 않다.

돌혈에는 대돌(大突), 소돌(小突), 쌍돌(雙突), 삼돌(三突)이 있다.

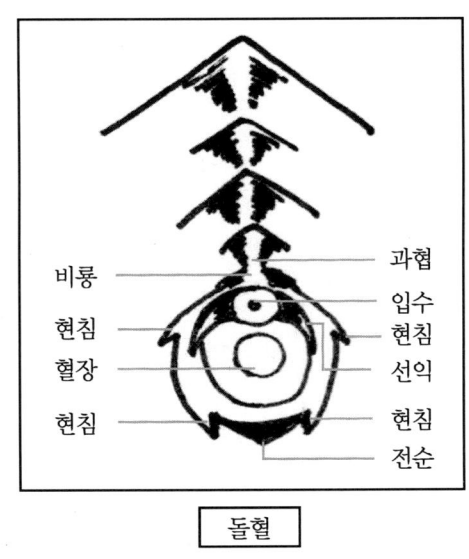

돌혈

① 대돌(大突)

대돌(大突)이란 혈상(穴象)이 높고 큰 것을 말한다. 규모가 너무 크거나 거칠면 지기(地氣)가 모이지 못하기 때문에 좋지 않다. 둥글고, 아름답고, 형체가 분명해야 한다.

② 소돌(小突)

소돌(小突)이란 혈상(穴象)이 작은 것으로 지나치게 작아 고저를 분별 못할 정도이면 좋지 않고, 토층(土層)이 두텁고 부드러워야 좋다.

③ 쌍돌(雙突)

쌍돌(雙突)은 돌(突)이 두 개가 나란히 솟은 경우인데, 유혈에서와 마찬가지로 규모의 크고 작음, 높이의 높고 낮음 등이 고르고 단정해야 좋은 것으로 본다. 모양이 다른 경우는 좋은 곳을 혈처(穴處)로 정한다.

④ 삼돌(三突)

삼돌(三突)은 돌(突)이 세 개가 나란히 솟은 경우인데 유혈에서와 마찬가지로 규모의 크고 작음, 높이의 높고 낮음 등이 고르고 단정해야 좋은 것으로 본다. 모양이 다른 경우는 좋은 곳을 혈처(穴處)로 정한다.

2.1.3. 사(砂)

1) 사신사(四神砂)

사신사(四神砂)란 혈(穴)의 전후좌우 사방(四方)에 있는 주산(主山, 玄武), 청룡(靑龍), 백호(白虎), 안산(案山, 朱雀)을 말한다.

사신사의 역할은 주산(主山)으로부터 공급받은 지기(地氣)가 바람에 흩어지지 않고 혈(穴)에 응집되도록 하는 보국(保局)이다. 지기가 바람에 흩어지지 않게 보국이 되는 것을 장풍(藏風)이라 한다.

> **한마디** **지기(地氣)가 바람에 흩어진다?**
>
> 지기(地氣)란 땅의 기운을 말한다. 지기가 강하다는 것은 그 땅에 흠이 없고, 토색(土色)이 밝으면서, 토질(土質)은 단단한 땅을 말한다. 사람으로 비유한다면 정신적 육체적으로 건강하면서 잘 발달된 근육질과 지방질이 적절하게 조화를 이룬 사람을 말한다.
>
> 그렇다면 어떻게 바람이 지기를 흩어지게 할까?
>
> 바람이 지기를 흩어지게 한다는 것은 바람이 땅에 부딪히면서 그곳에 골을 만들어 상처를 내는 경우를 말한다. 상처가 있으면 그 영

향으로 기운을 제대로 발휘하지 못한다는 데 비유한 말이다. 따라서 어느 땅이든 주변에 있는 산들의 보호를 받으면서 본래의 모습이 지켜져야 기운이 뭉치게 되며, 뭉친 기운이 흩어지지 않는 것이다.

(1) 주산(主山)

주산(主山)은 혈(穴) 뒤에 있는 산을 말하기 때문에 후산(後山)이라 하기도 하고, 마을에서는 진산(鎭山)이라고도 한다. 사신사(四神砂)에서는 현무(玄武)를 말한다.

풍수지리적 주산의 모양은 뾰족하거나, 둥글거나, 반듯하게 각이 지면서 주변 산 보다 우뚝 솟은 모습이어야 한다.『장서(葬書, 錦囊經)』에서는 '주산이 혈이 있는 방향으로 머리를 드리운 듯해야 한다.'8)고 하였다. 주산이 반듯하고 혈을 주시하는 모양을 해야 한다는 것은 어머니가 어린아이를 안고 있는 모습이나, 책상에서 공부하는 사람의 모습과 닮은 모양을 말한다.

주산이 반듯하지 못하면 내룡(來龍)이 힘이 없거나 늘어져 혈(穴)이 제대로 형성될 수 없으며, 청룡과 백호는 일직선 또는 밖으로 돌아 수구(水口)가 열리게 되어 장풍(藏風)이 되지 않는 흉지(凶地)가 된다.

주산이 인간에게 가져다주는 이점은 다음과 같다.

첫째, 바람을 막아준다.

둘째, 온·습도를 적절하게 유지시켜 준다.

셋째, 식수와 용수를 공급해 준다.

넷째, 연료와 먹 거리를 제공해 준다.

(2) 청룡(靑龍)

청룡(靑龍)이란 혈(穴) 좌측에 있는 산줄기를 말한다. 좌측에서 혈의 왼쪽 담장과 같은 역할을 수행한다.

---

8) 玄武垂頭

『장서(葬書, 錦囊經)』에서는 '청룡이 구불구불 움직이는 모습이어야 한다.'9)고 하였다. 이 말은 청룡이 생기(生氣)가 있으면서 혈을 잘 보국(保局)할 수 있는 모양을 말하는 것이지, 능선이 오르락내리락하는 것을 말하는 것은 결코 아니다. 청룡이 기복변화(起伏變化)를 한다면 골이 진 부분으로 바람이 불어오게 되며, 기봉(起峰)된 곳에는 혈로 전달될 힘이 나뉘어져 뭉친 것으로 보아 꺼려한다.

가장 이상적인 청룡은 어린아이를 안고 있는 어머니의 왼팔과 같은 모양이다. 즉 위쪽은 높고 굵되 끝으로 갈수록 점점 가늘어지면서 혈을 감싸고 백호(白虎)와는 교쇄(交鎖)되어야 한다.

혈에 가장 근접한 청룡을 내청룡(內靑龍), 내청룡 밖에 있는 것은 외청룡(外靑龍)이라 한다. 본체(本體)에서 이어진 것을 본신청룡(本身靑龍)라 하고, 다른 산에서 내려온 것을 외산청룡(外山靑龍)이라고 한다. 본신청룡(本身靑龍)이 길격(吉格)이되 외산청룡(外山靑龍)도 흉격(凶格)은 아니다. 청룡은 술수적으로 양(陽), 귀(貴), 남자(男子), 권력, 명예, 벼슬을 주관한다고 한다.

(3) 백호(白虎)

백호(白虎)란 혈 우측에 있는 산줄기를 말한다. 우측에서 혈의 오른쪽 담장과 같은 역할을 수행한다.

『장서(葬書, 錦囊經)』에서는 '호랑이가 얌전하게 머리를 낮춰 엎드린 모습'10)과 같은 것을 이상으로 여겼으며, 반대로 '백호가 몸을 되돌려 주산을 노려보는 형상은 시신을 뜯어먹으려 하는 것'11)이라 하여 좋지 않은 산으로 여겼다. 이 말은 청룡과 마찬가지로 생기(生氣)가 있으면서, 혈을 잘 보국(保局)할 수 있는 모양을 뜻하는 것이지, 능선이 오르

---

9) 靑龍蜿蜒
10) 白虎馴頫
11) 故虎繞謂之啣尸

락내리락하는 것을 뜻하는 것은 결코 아니다. 백호가 기복변화(起伏變化)를 한다면 골이 진 부분으로 바람이 불어오게 되며, 기봉(起峰)된 곳에는 혈로 전달될 힘이 나뉘어져 뭉친 것으로 보아 꺼려한다.

가장 이상적인 백호는 어린아이를 안고 있는 어머니의 오른팔과 같은 모양이다. 즉 위쪽은 높고 굵되 끝으로 갈수록 점점 가늘어지면서 혈을 감싸고 청룡(靑龍)과는 교쇄(交鎖)되어야 한다.

혈에 가장 근접한 백호를 내백호(內白虎), 내백호 밖에 있는 것은 외백호(外白虎)라 한다. 본체(本體)에서 이어진 것을 본신백호(本身白虎)라 하고, 다른 산에서 내려온 것을 외산백호(外山白虎)라고 한다. 본신백호(本身白虎)가 길격(吉格)이되 외산백호(外山白虎)도 흉격(凶格)은 아니다. 백호는 술수적으로 음(陰), 부(富), 여자(女子), 재물(財物), 예술(藝術)을 주관한다고 한다.

(4) 안산(案山)

안산(案山)이란 혈(穴) 앞 가까이 있는 산을 말한다. 안산은 혈 앞에 있기 때문에 청룡과 백호가 교쇄(交鎖)되는 지점에 대개 위치하게 된다. 따라서 교쇄 되면서 생긴 틈으로 들어 올 수 있는 바람을 막아주며, 물이 흘러나가는 방향을 바꿔주는 역할을 담당하기도 한다.

특정지역에서는 안산(案山)이라는 용어보다는 안대(案對)라는 용어를 더 많이 들을 수 있다. 혈의 방향(方向)을 설정할 때 형세론(形勢論)의 근본인 내룡 또는 주산을 기준으로 방향을 설정하지 않고, 앞쪽에 보기 좋은 지점을 향하여 방향을 결정한다. 이 경우 물론 이기론(理氣論)에 의한 방향도 아니다. 이런 예로 보아 안대(案對)와 안산의 개념이 다른 것으로 보아야 할 것 같다. 안대(案對)란 혈의 향(向)과 일치하는 지점을 말하다.

안산은 '단정하고 둥글면서 예쁜 것(端正圓巧), 빼어나게 아름답고 빛을 내는 것(秀媚光彩), 평탄하고 균정한 것(平正齊整), 나를 감싸는 듯 유정한 것(廻抱有情)'을 좋은 안산으로 간주한다. 그래서 안산이 어떤 모양이냐에 따라 발복이 달라진다고 믿는다. 예를 들면 안산이 쌍봉산(雙峰山)[12]의 모양을 갖고 있는 여수시 중촌 마을에서는 쌍둥이가 38쌍이 태어나 기네스북에 올라 있으며, 충남 아산시 음봉면 삼일아파트에는 40여 쌍의 쌍둥이가 모여 살고 있어 흥미를 갖게 한다. 두 마을의 경우 안산이 쌍봉산이다.

주산과 안산의 관계는 '주인과 손님, 남편과 아내, 임금과 신하'의 관계로 보기 때문에 안산(案山)과 조산(朝山)은 주산(主山)을 향해 공손히 절하는 형태가 되어야 한다.

2) 사격(砂格)

(1) 좋은 사격(砂格)

① 문성귀인(文星貴人)

목형산(木形山) 아래 금형산(金形山)의 아미사(蛾眉砂)가 있는 형상을 문성귀인(文星貴人)이라 한다.

② 문필봉(文筆峰)

목형산(木形山)으로 분류되는 산형(山形)으로 붓 또는 죽순(竹筍)처럼 생겼다 해서 문필봉(文筆峰)이라 하며 필봉(筆峰)이라고도 한다. 문필봉에서는 정치가, 행정가, 문장가, 명필이 난다고 한다.

③ 반월형(半月形)

금형산(金形山)으로 분류되는 산형(山形)으로 반달과 같이 생긴 산을 말한다. 반월형에서는 미인(美人)난다고 하며, 안산(案山)이면 더 좋은 것으로 본다.

---

12) 雙峰山: 한 개의 산이 봉우리가 2개인 경우, 또는 각각 다른 산이 겹쳐서 혈(穴)에서 보았을 때 봉우리가 2개인 하나의 산으로 보이는 경우.

④ 복두(幞頭)

토형산(土形山)으로 분류되는 산형(山形)으로 토성(土星)이 가운데는 높고 양쪽은 낮아 복두(幞頭)와 같이 생긴 산을 말한다. 복두(幞頭)는 신하가 임금을 배알(拜謁)할 때만 쓰는 보자이니 가상 귀중한 것이다.

⑤ 부봉(富峰)

금형산(金形山)의 전형으로 산 정상이 거북이 등 또는 종(鍾)을 엎어 놓은 것처럼 둥근 모양을 하였거나 노적가리처럼 생긴 산을 부봉(富峰)이라 한다. 노적봉(露積峰)이라고도 하며, 큰 부자가 난다고 한다.

⑥ 삼공필(三公筆)

삼공필(三公筆)은 토성(土星) 위에 세 개의 봉우리가 우뚝 솟아 있는 형상을 말하며, 가운데 봉우리는 높고 옆 봉우리는 낮아야 좋은 것으로 본다.

⑦ 장원필(狀元筆)

장원필(狀元筆)은 토성(土星) 위 중앙에 목성(木星)이 솟아 있는 형상을 말한다.

⑧ 쌍록귀인(雙麓貴人)

쌍록귀인(雙麓貴人)은 목형산(木形山) 두 개가 우뚝 솟아 있는 형상을 말한다. 두 개 봉우리의 크기와 높이가 같아야 좋은 것으로 본다.

⑨ 아미형(蛾眉形)

금형산(金形山)으로 분류되는 산형(山形)으로 반월형(半月形)과 비슷하나 초승달에 가까운 형상이다. 미인의 눈썹처럼 생겼다 해서 미인과 왕비(王妃)가 날수 있다고 한다.

⑩ 옥당귀인(玉堂貴人)

화형산(火形山) 아래에 목형산(木形山)이 있는 형상을 옥당귀인(玉堂貴人)이라 한다.

⑪ 옥대사(玉帶砂)

목형산(木形山)이 옆으로 누워 둥글게 고리를 만든듯하여 의대(衣帶)와 같은 형상을 말한다. 대(帶)의 곁에 고기 모양[金魚]의 작은 언덕이나 암석(巖石)이 있으면 옥대(玉帶)가 된다.

⑫ 일산형(日傘形)

수레 위에 받치는 비단으로 만든 양산을 일산(日傘)하며, 산 모양이 사방을 압도할 수 있는 웅장한 것을 일산(日傘)이라 한다. 이와 같이 웅장한 산이 조종산(祖宗山)이 된다.

⑬ 일자문성(一字文星)

토형산(土形山)의 전형으로 산 정상이 일자(一字) 모양으로 생겼다해서 일자문성(一字文星)이라 한다. 정상 부근이 암석(巖石)으로 이루어지면 아주 좋은 것으로 보며, 부귀겸전(富貴兼全)하고, 왕후장상(王侯將相)까지 난다고 한다.

⑭ 재상필(宰相筆)

재상필(宰相筆)은 토성(土星) 위 중앙에 목성(木星)이 한쪽에 솟아 있는 형상을 말한다. 상원필(狀元筆) 보다 좋은 형상으로 본다.

⑮ 제좌(帝座)

목형산(木形山)이 우뚝 솟아있고, 양쪽에 크기와 높이가 같은 작은 산이 있는 형상을 말한다. 주변 산들이 둘러싸고 있어야 좋다.

⑯ 천마(天馬)

우뚝 솟은 쌍봉산(雙峰山)이 한쪽은 높고, 한쪽은 조금 낮아 마치 말의 등과 같이 생긴 형상을 말한다. 이기론(理氣論)에서는 오미방(午未方)에 있으면 더욱 귀한 것으로 본다.

문성귀인	문필봉	반월형	복두
부봉	삼공필	장원필	쌍록귀인
아미형	옥당귀인	옥대사	일산형
일자문성	재상필	제좌	천마사

좋은 사격

(2) 좋지 않은 사격(砂格)

① 검살사(劍殺砂)

검살사(劍殺砂)는 산골짜기 끝이 뾰족하게 혈(穴)을 향하여 들어오는 형상을 말한다.

② 규봉사(窺峰砂)

큰 산의 뒤에 있는 작은 산이 위나 옆으로 약간 보이는 형상으로 마치 사람이 머리만 살짝 내밀고 엿보는 것과 같다는 의미에서 규봉(窺峰) 혹은 탐두(探頭)라고 한다.

③ 급류사(急流砂)

혈(穴)을 향하여 냇물[川]이 쏘아 지르듯 흘러 들어오는 형상을 말한다.

④ 양수양파(兩水兩破)

내룡(來龍)이 명당(明堂)을 향하여 계속 뻗어 나가면 명당수(明堂水)는 합수(合水)되지 못하여 두 갈래로 빠져나가게 된다. 이와 같이 파구(破口)가 두 개인 형국(形局)을 양수양파(兩水兩破)라 한다. 이때 내룡은 설기(泄氣)가 지속되고, 수구(水口)가 열린 형국(形局)이라 빈궁(貧窮)하고 형제간에 불화(不和)가 있다고 한다.

⑤ 첨사사(尖射砂)

혈(穴) 앞에 있는 산의 뾰족한 지각(枝脚)이 혈장(穴場)을 향하여 찌르고 들어오는 것을 말한다.

⑥ 현군사(懸裙砂)

현군사(懸裙砂)는 한 산에 여러 개의 지각(枝脚)이 있어 골짜기가 많은 산을 말하며, 마치 치마를 빨래 줄에 걸어 놓은 것과 같다하여 현군사(懸裙砂) 또는 흔군사(掀裙砂)라고 한다. 이러한 산에서는 가난한 자와 음란(淫亂)한 자가 난다고 한다.

현군사

3) 명당(明堂)

(1) 명당(明堂)의 정의

혈(穴) 앞에 펼쳐진 넓은 공간 즉, 마을에서는 텃논·텃밭·들, 주택에서는 마당, 학교에서는 운동장, 경복궁에서는 근정전 앞에 있는 대신들의 집합장소를 명당(明堂)이라고 한다.

명당(明堂)은 그 위치에 따라 몇 가지로 나뉘어 부르기도 하는데, 좌우로는 청룡과 백호가 감싸고 앞에는 안산(案山)이 막아주는 공간을 내명당(內明堂), 안산 밖에 다시 외청룡과 외백호로 만들어진 공간을 외명당(外明堂)이라 한다. 풍수서적에 따라서는 명당을 대명당(大明堂), 중명당(中明堂), 소명당(小明堂)으로 분류하기도 한다.

(2) 명당(明堂)의 중요성

명당(明堂)의 모양에 따라 혈(穴)에 미치는 영향은 각각 다르다. 조선시대 지리학(地理學) 고시과목 가운데 하나인 『명산론(明山論)』에서는 명당을 30가지로 분류시켜 혈에 미치는 영향에 대해 설명하고 있다.

명당의 형상(形象)을 보면 명당을 둘러싸고 있는 사(砂)의 모양과 위치를 알 수가 있다. 역설적으로 주산과 안산, 청룡과 백호 등 혈 주변의 사(砂)가 명당의 모양을 결정한다는 결론이다.

명당의 모양뿐만이 아니라 규모도 혈에 주는 영향은 분명히 달라질 수밖에 없다. 큰 규모의 명당이 논밭이었을 경우 생산량이 달라지고, 그 생산량에 따라 경제력의 척도와 상주 인구수가 결정되기 때문이다. 명당은 인간을 포함한 모든 자연 생태계에 다음과 같은 긍정적인 역할을 담당한다.

첫째, 식량을 공급해 준다.

둘째, 수분, 습도를 조절해 준다.

셋째, 홍수를 조절하여 준다.

넷째, 공기, 물[明堂水], 토지를 정화시켜 준다.

다섯째, 지하수를 만들어 준다.

여섯째, 활동하고, 모이고, 의견을 직접 전달할 수 있는 공간을 제
공한다.

(3) 좋은 명당(明堂)

① 광(廣)

넓은 보자기로 싼 듯한 명당(明堂)으로 자손들이 부자(富者)가 된다.

② 령(靈)

큰 돌이나 큰 나무가 서 있는 명당(明堂)으로 총명(聰明)하고 지혜
(智慧)로 운 자손이 나온다.

③ 방(方)

바둑판과 같이 네모진 명당(明堂)으로 지혜(智慧)로 운 자손이 나온다.

④ 원(圓)

쟁반과 같이 둥근 모양의 명당(明堂)으로 의(義)로 운 자손이 나온다.

⑤ 주(周)

주변 골짜기들을 모두 막아놓은 듯 주밀(周密)하게 감싸인 명당(明
堂)으로 왕성한 생산력이 있다.

⑥ 진(進)

윤기(潤氣)가 흐르는 명당(明堂)으로 재물이 많다.

⑦ 평(平)

평탄한 명당(明堂)으로 자손들이 신의(信義)가 있다.

⑧ 포(抱)

띠를 두르듯 빙 둘러쳐져 있는 명당(明堂)으로 효자(孝子)가 나온다.

⑨ 풍(豊)

여러 용(龍)들이 명당(明堂)을 향해 내려오는 듯한 명당으로 자손수(子孫數)가 많다.

⑩ 횡(橫)

평탄한 밥상[小盤]과 같은 명당(明堂)으로 충실(忠實)한 자손이 나온다.

(4) 좋지 않은 명당(明堂)

① 겁(劫)

칼처럼 험한 돌이 명당(明堂)에 있는 것으로 살상(殺傷)의 재앙(災殃)이 일어난다.

② 곡(曲)

놀란 뱀이 꾸불거리며 달아나는 것과 같은 명당(明堂)으로 생이별(生離別)을 한다.

③ 괴(怪)

사당(祠堂), 사찰(寺刹), 도관(道觀)이 있는 명당(明堂)으로 귀신들이 괴이한 짓거리를 한다.

④ 기(欹)

명당수(明堂水)가 기울게 흘러 멈추지 않는 명당(明堂)으로, 편파적인 일들이 발생한다.

⑤ 난(亂)

나무와 돌들이 어지럽게 흩어져 있는 명당(明堂)으로 집안이 재가 흩날리듯 순식간에 없어진다.

⑥ 누(漏)

물이 구멍이 난 혈(穴)로 들어갔다가 은밀하게 물이 새어나오는 명당(明堂)으로, 고질병(痼疾病)을 앓는다.

⑦ 반(反)

활 등의 양 끝처럼 배반(背反)한 모양의 명당(明堂)으로, 인간으로서 저지를 수 없는 끔찍한 범죄를 저지른다.

⑧ 병(病)

죽은 자의 머리와 같은 형상(形象)을 한 흙덩어리가 쌓여 있는 명당(明堂)으로 질병(疾病)에 시달린다.

⑨ 산(散)

물의 흐름이 거북이 등처럼 어지럽게 흩어지는 명당(明堂)으로 자손들이 뿔뿔이 흩어진다.

⑩ 야(野)

넓은 계곡(溪谷) 물이 거두어들이지 않은 명당(明堂)으로 자손들이

방탕(放蕩)한다.

⑪ 옥(獄)

명당(明堂)이 마치 우물처럼 깊은 것으로 법정 소송이 많게 된다.

⑫ 읍(泣)

명당수(明堂水)가 슬프게 우는 듯한 소리를 내는 것으로, 사람이 죽어 곡(哭)소리가 자주난다.

⑬ 전(纏)

명당(明堂) 하부에서 물길이 얼크러져 마치 형벌(刑罰)을 받는 사람의 형상(形象)과 같은 것으로 느리게 집안이 망한다.

⑭ 직(直)

곧바로 흘러가서 돌아 감싸 안음이 없는 명당(明堂)으로 재물이 줄어든다.

⑮ 촉(促)

명당(明堂)의 세로가 지나치게 짧고 가로가 넓은 것으로 부부가 상극한다.

⑯ 충(衝)

물이 무덤을 치면서 살기를 띠는 것으로 빠르게 집안이 망한다.

⑰ 파(破)

명당(明堂)의 반쪽은 꺼져있고, 반쪽은 볼록하게 솟아있는 것으로 재앙(災殃)과 허물이 거듭하여 나타난다.

⑱ 편(偏)

명당(明堂)의 반쪽은 크고, 반쪽은 작아 좌우 균형이 맞지 않는 명당으로 자손들이 누리는 복록(福祿)이 고르지 못한다.

⑲ 허(虛)

수구(水口)가 열려 바람이 들어오는 명당(明堂)으로 재산(財産)과 자손이 줄어 없어진다.

⑳ 협(狹)

명당(明堂)의 좌우가 서로 밀착하여 명당의 세로 공간이 지나치게 긴 것으로, 형제간에 분쟁(分爭)이 많다.

4) 암석(巖石)

바위는 모양이 모나지 않고 둥글며 석질이 부드러워야 한다. 지나치게 강한 석질이거나, 색상이 어둡거나, 흰색은 꺼려한다. 서있는 암석보다는 누워있는 암석을 선호한다.

(1) 좋은 암석(巖石)
① 모양이 둥근 돌
② 누워있는 돌
③ 상서롭게 생긴 검지 않은 돌
④ 석질(石質)이 부드러운 돌
⑤ 삭아서 부서지는 돌
⑥ 풍화작용으로 박환(剝換)된 돌
⑦ 습기와 이끼가 끼지 않는 돌
⑧ 혈 주위를 감싸주는 부드러운 돌

(2) 좋지 않은 암석(巖石)

① 석질(石質)이 지나치게 강한 돌

② 칼날같이 날카롭거나 뾰족한 돌

③ 계곡에 쌓여 있는 쇄석(雜石)

④ 푸르거나 검은 돌

⑤ 크게 돌출 된 백색 차돌

⑥ 습기나 이끼가 낀 돌

⑦ 산사태로 떨어진 낙석(落石)

2.1.4. 수(水)

1) 명당수(明堂水)

『장서(葬書, 錦囊經)』에 "풍수수법에 물을 얻는 것이 으뜸이오, 바람을 막는 것은 그 다음이다"[13]라는 말이 있다. 혈(穴)을 정할 때 물의 역할이 중요함을 강조하고 있다. 물이 '생기(生氣)를 머물게 하느냐, 계속 기가 흘러가게 하느냐'와 '혈에서 필요로 하는 물은 얻을 수 있고, 불필요한 물은 흘러오지 않는 지형을 선택'하는 요소로 물을 우선 적용해야 함을 뜻한다.

장마철에 수해(水害)가 나는 지역은 대개 물의 공격사면[反弓水] 측이거나, 골짜기 아래에 터를 잡은 곳이다. 이와 같은 경우를 보더라도 혈(穴)을 정할 때 반드시 물을 잘 살펴야 한다.

그렇다면 어떠한 물이 좋은 물일까? 물이 길수(吉水)로 작용하려면 다음과 같은 조건을 충족하여야 한다.

첫째, 물은 혈을 감싸면서 굽이굽이 흘러야 한다.

둘째, 물은 혈 앞에 사방(四方)에서 모여들되 흘러나가는 곳이 보

---

13) 風水之法 得水爲上 藏風次之.

이지 않아야 한다.

셋째, 물은 소리가 나거나 출렁거리지 않아야 한다.

넷째, 물은 맑고, 맛이 좋으며, 항상 양(量)이 일정해야 한다.

다섯째, 물은 여름에는 시원하고, 겨울에는 따뜻해야 한다.

(1) 명당수(明堂水)의 정의

명당수(明堂水)란 혈(穴)을 중심으로 좌우 골에서 흘러와 혈 주변을 감싸면서 청룡과 백호 끝 사이로 흘러나가는 물을 말한다.

명당수가 얻어지는 것을 득수(得水)라 하며, 명당(明堂)의 바깥쪽으로 빠져나가는 곳을 수구(水口) 또는 파구(跛口)라 한다.

(2) 명당수(明堂水)의 역할

『풍수학 사전(김두규, 비봉출판사)』에 보면 '명당수의 역할'을 다음과 같이 정의하였다.

첫째, 명당 안에 사는 사람들에게 식수를 제공한다.

둘째, 인간의 생존에 적절한 습도와 환경을 유지시켜 준다.

셋째, 사람들이 살면서 배출하는 각종 오폐수 및 오폐물을 정화하는 기능을 갖는다.

넷째, 과거 농경 사회에서는 농업용수로 활용되었다

(3) 좋은 명당수(明堂水)

① 구곡수(九曲水)

구곡수(九曲水)란 물의 굴곡이 지현자(之玄字)처럼 구불구불 한 것을 말하며, 어가수(御街水, 대궐로 통하는 길)라고도 한다.

② 요대수(腰帶水)

요대수(腰帶水)란 물이 혈을 빙 둘러 감싸 안은 것으로 금성수(金城水, 활처럼 둥근 모양의 물)라고도 한다.

③ 위신수(衛身水)

위신수(衛身水)란 산줄기가 호수(湖水) 가운데까지 뻗어 작은 둔덕과 함께 혈장(穴場)을 형성한 것을 말한다. 물이 혈장의 사면(四面)을 감싸 보호하기 때문에 주산(主山)에서 바라보면 마치 초승달이 물에 잠긴 것 같아 보인다. 항상 물은 맑고, 출렁거려 넘치지도 않거니와 마르지도 않아야 좋은 것이다.

④ 융저수(融瀦水)

융저수(融瀦水)란 깊은 물이 모여드는데도 흐름이 없는 것처럼 보이는 것을 말하며, 큰 부자와 명예 있는 사람이 오랫동안 나온다.

⑤ 입구수(入口水)

혈장(穴場) 위쪽에 솟아 오른 사(砂)가 있어서 물의 흐름을 막아 거두어들이는 것을 말한다. 물의 흐름이 아름다워도 혈장에 이르지 못하거나, 혈장에 이른다 하더라도 막아 거두어들이지 못하면 좋을 수가 없다. 그러므로 입구수(入口水)처럼 물을 막아 거두어들이면 아주 좋은 것으로 발복(發福)이 가장 확실하다. 아래에 있는 산이 길게나와 물을 거두어 주어 물이 반대로 흐른다 해도 반궁수(反弓水)라고 하지 않는다.

⑥ 조회수(朝懷水)

조회수(朝懷水)란 신하가 임금에게 배알하려고 도열하여 있듯이 물이 혈 앞을 감싸면서 굽이굽이 흘러 나가는 형상을 말한다. 조회수는 발복이 빨라 아침에 가난함이 저녁에 부자로 바뀐다고 한다. 이 물은 재물(富)뿐만이 아니라 귀(貴)도 가져다준다.

⑦ 취면수(聚面水)

취면수(聚面水)란 모든 물이 혈 앞에 모여드는 것을 말한다. 모여드는 방향은 전후좌우 사방(四方)으로 균형과 조화를 이루어야 한다. 이때 모여 든 물은 웅덩이 물과 합해지되 흘러오는 방향과 흘러나가는 방향이 구분하기 어려울 정도이면 아주 좋다. 물이 명당 한가운데로 모여 들면 부귀(富貴)의 발복이 있다.

⑧ 회류수(廻流水)

회류수(廻流水)는 물이 밖에서 흘러들어 혈장(穴場) 앞을 감싸 돈 후 다시 빠져나가는 형태로 아주 좋은 것이다. 물이 괴인 다음에 새어 흐르는 것을 회류수라 하며, 물이 뱅뱅 돌아 거꾸로 흘러나가는 것을 말한다[旋轉逆廻]. 깊은 못이 있거나 석산(石山)이 막고 끊으면 물의 흐름이 역으로 돌아가지만 다시 돌아올 뜻이 있는 것이다.

(4) 좋지 않은 명당수(明堂水)

① 권렴수(捲簾水)

권렴수(捲簾水)란 혈 앞에서 물이 거꾸러질 듯 흘러나가는 것을 말한다. 즉 혈 앞에 명당이 평탄하지 못하고 가파른 계단식으로 형성된 곳의 물의 흐름이다. 아주 좋지 않은 것으로 가산(家産)을 탕진하고, 주인이 일찍 죽어 고아와 과부가 생기며, 과부는 안방으로 외간 남자를 불러들이는 재앙이 있다고 한다.

② 누시수(漏腮水)

누시수(漏腮水)란 혈의 양쪽에 샘이 있어서 차가운 물이 길게 흐르는 것으로, 한쪽에서만 흐른다 해도 지기(地氣)를 누설시키므로 기

(氣)가 뭉치지 않는다. 이곳은 집안이 몰락하고 겁탈이나 살육의 재앙을 당한다고 한다.

③ 반궁수(反弓水)

물길이 활처럼 휘어서 혈 쪽에 등을 보이면서 물이 흘러가는 것으로 물이 혈처를 향해 감싸 안아 도는 것[環抱]의 반대 형상이다. 배류수(背流水), 반신배성(反身背城), 산수배역(山水背逆), 반도수(反挑水), 반신수(反身水) 등과 같은 뜻이다.

이러한 반궁수(反弓水) 쪽은 물의 공격사면이 되기 때문에 집중호우 시 수해(水害)를 당할 위험이 크고, 평상시에도 습기가 많이 유입되어 살기에 부적절한 땅이 된다. 또한 이러한 지형에는 땅속으로 물이 스며들게 되어 풍토병의 발생 우려가 높다.

④ 반도수(反挑水)

반도수(反挑水)란 반신배성(反身背城), 즉 나에게 등을 돌리면서 둥근 성모양의 물길을 이루는 물로서 반궁수(反弓水)를 말한다. 『인자수지(人子須知)』는 반궁수를 따로 다루지 않고, 혈의 정면에서 반궁수를 이루는 것을 반도수, 혈 옆 부분에서 반궁수를 이루는 물을 반신수(反身水)로 분류하고 있다.

반도수는 아주 좋지 않은 것으로 도둑이 되거나, 고향을 떠나거나, 생이별을 하거나, 흉악하고 불순한 일을 저지르거나, 모반(謀叛)을 하는 일 등이 발생한다고 한다.

⑤ 반신수(反身水)

반신수(反身水)란 물이 혈전에 이르렀다가 반대로 나가는 반궁수(反弓水)를 말한다. 『인자수지(人子須知)』는 반궁수를 따로 다루지

않고, 혈 옆 부분에서 반궁수를 이루는 물을 반신수, 혈의 정면에서
반궁수를 이루는 것을 반도수(反挑水)로 분류하고 있다.

반신수는 가산(家産)이 기울어 고향을 떠나 걸식 방랑하다가 끝내
는 대(代)가 끊기는 재앙이 있다고 한다.

⑥ 분류수(分流水)

분류수(分流水)란 혈 앞에서 물이 팔자(八字)로 나뉘어 흐르는 것
을 말한다. 물이 두 갈래로 나뉘어 흐른다는 것은 양수양파(兩水兩
破)를 말하는 것으로 산줄기의 흐름이 멈추지 않아 지기(地氣)가 계
속 흘러가니 기(氣)가 뭉치지 못한다.

⑦ 유니수(流泥水)

유니수(流泥水)란 혈 앞에 물이 기울어 흘러가고 사(砂) 또한 물을
따라 흘러가는 현상을 말한다. 청룡과 백호가 명당수와 평행선을 그
으면서 같이 움직이는 산수동거(山水同去) 현상이다. 이런 터에서는
고향을 떠나나 돌아오지 못하는 일이 일어난다.

⑧ 이두수(裹頭水)

이두수(裹頭水)란 고단하고 약한 내룡(來龍)을 물이 계속하여 침범
하는 현상을 말한다. 내룡은 약하고 물길은 강한 현상이다. 이런 터
에서는 가난하고, 괴롭고, 외롭고, 전염병에 걸리는 재앙을 받는다.

⑨ 임두수(淋頭水)

임두수(淋頭水)는 혈 뒤에 골이 패여 물이 무덤[墓] 뒷머리를
향하여 흘러 들어오는 것을 말한다. 무덤은 산 능선위에 조성하
여야 하는데 임두수는 골[谷]에 무덤을 조성한 경우를 말한다.
주변 산에서 흘러내려 싸인 토사(土砂)를 내룡(來龍) 또는 혈장

(穴場)으로 잘못 판단했거나, 와혈(窩穴) 또는 겸혈(鉗穴)로 잘못 판단한 경우이다. 이곳에 장사를 지내면 얼마 안가 후손이 끊기는 화(禍)를 당한다고 한다.

⑩ 충심수(衝心水)

충심수(衝心水)란 물이 혈(穴)을 향하여 곧게 흘러 들어오는 것을 말한다. 물은 혈을 향하여 문안을 드리듯 굽이굽이 완만하게 흘러야 하는데, 일직선으로 혈을 향해 쏘듯 흘러 들어오는 것은 좋지 않다.

⑪ 폭면수(瀑面水)

폭면수(瀑面水)란 혈장(穴場)은 낮고 작은데, 물의 기세는 웅장하여 혈을 앞도 하는 것을 말한다. 혈의 규모에 비해 흘러나가는 물의 규모가 지나치게 큰 경우이다. 혈 뒤에서 높은 산이 받쳐주면 꺼리지 않는다. 폭면수는 가장 좋지 않은 물 가운데 하나로서 자손이 번창하지 못한다고 한다.

2) 물의 위치나 규모에 따른 분류

(1) 강수(江水)

강(江)은 길고 멀리 뻗어 흐르므로 모든 물이 모여 합해지는 결과물이다. 그래서 그 물줄기가 이미 넓고 큰 모양이므로 반드시 굽이굽이 흐르면서 혈을 감싸 안은 듯해야 좋다.

(2) 계간수(溪澗水)

대개 규모가 큰 용이 만드는 혈(穴)은 강(江)과 호수(湖水) 그리고 바다[海] 등 넓은 물의 곁에 있다. 그러나 기(氣)가 뭉치는 곳은 조그마한 산줄기와 골짜기 사이에서 이루어진다.

　산골짜기에 흐르는 물[溪澗水]은 반드시 굽이지면서 감싸 돌아 흘러 명당(明堂)으로 모여 들되 깊으면서도 조용하여야 아름답다. 만약 일직선으로 급하게 흐르거나, 소리를 내며 흐르거나, 달려 나가듯하면 좋지 않다.

　(3) 극훈수(極暈水)

　극훈수(極暈水)란 태극훈(太極暈)을 말하는 것으로 실제 물이 있다는 것이 아니라 약간 낮은 곳을 물이라 표현한 것이다.

　있는 듯 없는 듯 작기 때문에 언뜻 보면 그 모양이 있고, 자세히 보면 없고, 멀리 보면 있는 것 같은데 가까이 보면 없으며, 옆에서 보면 솟아 보이고, 바로 보면 모호(模糊)한 것을 태극훈이라 한다.

　(4) 녹저수(祿儲水)

　녹저수(祿儲水)란 마치 재물이 쌓이는 것과 같이 물이 모여드는 형상을 말한다. 혈의 앞과 뒤, 좌우, 수구(水口)등에 여러 물이 모여들어 깊고 크며 항상 마르지 않는 못[潭], 호수(湖), 연못[池沼], 당(塘), 굴(窟) 등을 말한다. 녹저수는 아주 귀하고, 그 발복이 그치지 않는다.

　(5) 원두수(源頭水)

　원두수(源頭水)란 명당수(明堂水)의 발원처(發源處)를 말한다. 이곳은 명당수가 짧게 와서 길게 흘러나가니 용(龍)이 머무르지 않아 혈을 맺지 못한다.

　(6) 원진수(元辰水)

　원진수(元辰水)란 청룡백호 안, 즉 혈 앞에서 합수(合水)되어 명당

(明堂)을 통해 밖으로 흘러나가는 것을 말한다. 원진수는 내 몸 안에 있는 것이기 때문에 물이 없어도 꺼리지 않으나, 명당이 기울어서 도망가듯 흘러나가는 것은 꺼린다. 좌우의 사(砂)가 교쇄(交鎖)되어 굽이굽이 흘러나가는 것을 이상으로 여긴다.

(7) 이장수(泥漿水)

이장수(泥漿水)란 비가 오면 물이 고이고, 그치면 물이 마르는 곳을 말한다. 이러한 곳은 젖었을 때는 발목까지 빠지기도 하지만 토질이 거칠고 틈이 있어 물을 저장하지는 못한다. 이장수에서는 밖에 나가 죽거나, 살인을 하거나, 사람이 줄어들고, 가산(家産)이 파탄 나며, 고질병을 앓는다고 한다.

(8) 저여수(沮洳水)

저여수(沮洳水)란 경사진 땅이면서도 항상 젖어 있는데 시각적으로는 젖어있는 것이 구별이 안 되는 땅을 말한다. 그러나 밟으면 신발이 젖고, 구덩이를 파놓으면 물이 고이고, 우기(雨期)에는 샘이 되고, 가뭄에는 마르는 곳으로 아주 좋지 않은 터다.

(9) 주맥수(注脈水)

주맥수(注脈水)란 호수(湖水)가 혈(穴) 앞 내룡 위에 있는 것으로 앙천호(仰天湖)라고도 한다. 지나치게 규모가 큰 내룡은 형세가 매우 강하여 용이 끝나는 곳에 기가 뭉치지 못하나, 용의 중간 부분에 호수(天湖)가 있으면 호수 위에 혈을 맺는다. 호수의 물이 계속 마르지 않아야 한다. 호수(天湖) 뒤로 다시 뻗어가는 용이 솟아오르면 그것은 안산(案山)이 또는 관요(官曜)가 되어 더욱 좋다.

(10) 지당수(池塘水)

지당수(池塘水)는 산줄기 아래에 있는 구덩이에 물이 모여 든 것을 말한다. 만약 물의 근원이 있어서 계속 모여들면 복이 쌓이는 것 같아 아주 좋은 것이다. 그런데 이것을 잘못 알고 메운다면 화재(禍災)가 곧 닥친다. 이 지당(池塘)을 확장하는 것도 조심해야 하는데, 내룡을 다치게 하여 지기(地氣)를 발설 시킬 수 있기 때문이다.

(11) 진응수(眞應水)

진응수(眞應水)란 샘[泉]이 혈 앞에 있는 것으로 진룡(眞龍)의 결혈(結穴)에서 볼 수 있다. 생룡(生龍)은 기가 왕성하여 이미 혈을 맺은 다음에 여기(餘氣)가 샘이 되는 경우를 말한다. 이 샘은 크고 작은 것을 가리지 않고, 맑고, 달고, 아름다워야 한다.

사계절(四季節) 내내 넘치거나 마르지 않고, 웅덩이에 모여 흘러가지 아니하며, 물소리가 나지 않고 고요하여야 한다. 이런 샘을 영천(靈泉)이라고 하며, 높은 벼슬아치가 나오는 아주 좋은 터로 여긴다.

(12) 천심수(天心水)

천심(天心)이란 혈 앞 명당의 한 가운데를 말한다. 만약 천심에 물이 모여들면 수취천심(水聚天心)이라 하여 아주 좋은 터로 여기는데 큰 인물과 부자가 나온다고 한다. 그러나 천심수(天心水)가 명당을 곧게 뚫고 나가면 수파천심(水破天心)이라 하여 재물이 흩어지고, 자손이 줄어 결국에는 대(代)가 끊긴다고 한다.

(13) 천예수(泉穢水)

천예수(泉穢水)란 소, 돼지의 오줌과 같이 누렇고 탁하며, 냄새도 나는 물로 음택이나 양택 모두 꺼려한다. 여인은 대하증(崩漏), 남자는 치질과 염병, 죽음, 눈이 멀어짐, 음란함 등의 재앙이 있다고 한다.

(14) 천지수(天池水)

천지수(天池水)는 산의 정상에 있는 연못으로 천한(天漢), 천막(天漠)이라고도 한다. 물이 계속 있어야 아름답고, 말라 없어지면 재앙이 온다고 하니, 계속 마르지 않는 것이 중요하다. 천지수에서는 명예 있는 후손이 오래도록 난다고 한다.

(15) 평전수(平田水)

평전수(平田水)는 물이 밭에 흩어져 평평하고, 여유 있고 느리게 흘러 찌르거나 쏘지 않고, 나누어 쪼개거나 뚫지 않는 것을 말한다. 물이 혈에 조읍(朝揖)하듯 명당에 모여들어야 아름답고 유정하며, 무정하거나 명당에 모여들지 않으면 좋지 않다.

(16) 해조수(海潮水)

해조수(海潮水)라 함은 지상의 모든 물이 모이는 것이다. 따라서 물줄기가 모이는 것은 용의 흐름이 그치는 것으로 해조수에서는 규모가 큰 용이 그치는 곳이 된다. 그러므로 왕후(王后)와 같이 귀한 사람이 나거나 큰 부자가 난다고 한다.

(17) 호수(湖水)

호수(湖水)는 모든 물이 모이는 곳으로 드넓고 물이 많아도 출렁거리지 않아 귀하게 여긴다. 호수가 크든 작든 혈에서 보이면 모두 길하다고 한다.

한마디 **앞에 호수(湖水)가 있으면 명당(明堂) 일까 ?**

양택(陽宅)이나 음택(陰宅) 앞에 호수(湖水)가 있으면 물이 어떻게 모여들었던지 무조건 좋은 경우라고 알고 있는 사람이 많다. 호수에 물이 고여 있기 때문에 모여든 물이라고 생각하는 것이다. 물이 호수에 담수되어 있는 것은 물길이 어느 한쪽에서 흘러와도 제방(堤防)을 만들어 놓으면 고이게 되어있다. 혈(穴) 앞에 물이 모여들면 좋은 경우라는 것은 물이 사방(四方)에서 고루 모이는 것을 말한다. 물이 사방에서 흘러온다는 것은 혈을 중심으로 전후좌우 산들이 균형을 이루고 있다는 결론이다. 균형과 조화를 이루는 곳을 찾는 것이 풍수지리의 목적이라면 사방에서 물이 모여드는 혈이 좋은 자리임을 역설적으로 입증해 주는 것이다.

그렇다면 호수(湖水)에 고여 있는 물은 양택과 음택에 어떤 영향을 미칠까?

일단 호수에 물이 담수되어 있으면 봄과 여름에는 물안개가 낀다. 물안개는 무덤 주변에 물이끼를 자라게 하여 잔디의 성장을 저해한다. 무덤 주변이 지나치게 습하다는 결론이다. 사람에게는 물안개가 직접적인 영향을 미친다. 호흡기 질환, 세균의 번식으로 인한 질환, 저기압으로 인한 신경통 등 건강을 해치게 된다. 곡식이나 마른 물질에 곰팡이를 번식시키며, 일사량 부족으로 생물의 성장을 저해한다. 사람의 생명을 직접 앗아갈 수 있는 영향도 미친다. 일상생활에 없어서는 안 되는 전기(電氣)는 습기에 민감하게 작용한다. 물안개가 끼거나 습도가 높아지면 전기의 누전(漏電)으로 인한 감전(感電) 사고의 위험이 높아지며, 화재(火災)의 위험성도 높아진다.

얼마 전에 매스컴을 통하여 세상을 떠들썩하게 했던 '소[牛]의 떼죽음', '네발 달린 짐승의 떼죽음'이라는 미스터리한 사건이 있었다. 원인을 밝혔으나 방송을 못했던지, 아예 원인을 몰랐던 것인지는 알 수 없지만, 그 원인은 확실하다. 함평에 있는 마을은 마을 앞에 저수지가 있고, 경주에 있는 마을은 마을 뒤에 저수지가 있다. '저수지 조성'과 '전기 공급'이 이루어진 후에 미스터리한 일이 일어났을 것이 분명하다. 그 증거로는 인근 마을에는 이상이 없고, 특히 소뿐만이 아닌 네발 달린 짐승이 같이 죽었다는 것이다. 네발 달린 짐승은 맨 땅위에서 그것도 젖은 땅에서 살기 때문에 감전(感電)의 위험에 그 만큼 노출되어 있는 것이다. 두발 달린 짐승은 나뭇가지 또는 횃대 위에서 자거나 생활하기 때문에 감전과는 무관하다. 사람은 건조한 곳에서 생활하며, 신발과 방 자리 등이 절연(絕緣)의 효과가 있어 직접적인 영향권에서 조금은 벗어날 수 있다.

이와 같이 양택이나 음택 앞에 저수 용량이 큰 호수는 이로울 것이 없다. 아예 없느니만 못한 것이다.

3) 샘[泉]

(1) 가천(嘉泉)

가천(嘉泉)이란 물맛이 달고 빛이 밝으며, 향기가 있는 것이다. 물의 양이 항상 일정하며, 더울 때는 물이 차고, 추울 때는 따뜻한 물을 말한다. 이것을 진응수(眞應水)라고도 하며, 큰 인물과 부자가 난다고 한다. 이 물을 계속하여 마시고 살면 부귀(富貴)와 장수를 누린다고 한다.

(2) 광천(礦泉)

광천(礦泉)이란 지하에 있는 광물질(鑛物質)이 물에 섞여 샘으로 흘러나온 현상으로 그 빛이 붉어 홍천(紅泉)이라고도 한다. 이런 곳은 지기(地氣)가 광물질에 모이기 때문에 혈을 맺지 못한다.

(3) 냉장천(冷漿泉)

냉장천(冷漿泉)은 물맛이 싱겁고, 흐리며, 비린내가 나는 것으로

니수천(泥水泉)이라고도 한다. 이 물은 먹을 수도 없고, 양치나 세수도 못하고, 논밭에도 사용을 못하니 꺼려한다. 땅이 거칠고 틈새가 생겨 여름에는 넘치고, 가을과 겨울에는 마른다.

양택(陽宅)에서 이 물을 마시면 가난함은 물론 오랫동안 병에 시달리다가 일찍 죽는다고 한다. 음택에서는 더욱 꺼린다.

(4) 냉천(冷泉)

냉천(冷泉)이란 물은 아주 맑으나, 너무 차가운 기(氣)를 받는 곳이어서 혈을 맺을 수 없다.

(5) 누천(漏泉)

누천(漏泉)이란 물이 점점 새어 나가는 것으로 지기(地氣)가 약하여 혈을 맺을 수 없다.

(6) 동천(銅泉)

동천(銅泉)이란 물 색상이 쓸개액과 같은 것으로 담천(膽泉)이라고도 한다. 왕성한 지기(地氣)가 샘[泉]으로 모이기 때문에 혈을 맺을 수 없다고 한다.

(7) 몰천(沒泉)

몰천(沒泉)이란 샘 바닥에 다른 곳과 연결된 구멍이 있어 물이 흘러나가나 눈에 보이지는 않는다. 이런 곳은 혈을 맺지 못하여 좋지 않다.

(8) 예천(醴泉)

식혜와 같이 물맛이 단것을 예천(醴泉)이라 하며, 이 물을 마시면 장수를 한다고 한다. 그래서 양택(陽宅)에 있으면 더 효과적이다.

(9) 용천(湧泉)

용천(湧泉)은 물이 땅속이나 바위틈에서 솟아 나오면서 거품을 일으키는 샘을 말한다. 용천(湧泉)은 지기(地氣)가 샘으로 설기(泄氣)되어 혈(穴)을 맺지 못한다.

(10) 용추천(龍湫泉)

용추천(龍湫泉)이란 교룡(蛟龍 전설상의 용으로 모양이 뱀과 같음)이 새끼를 낳아 기르는 굴(窟)로 기우제를 지내면 비가 내린다고 한다.

(11) 천천(濺泉)

천천(濺泉)이란 구멍 속에서 매우 차가운 물이 쏘는 것처럼 솟아 나오는 것을 말한다. 지나치게 차가운 나쁜 기(氣)가 솟아나는 것이므로 가장 좋지 않은 것 중 하나다.

(12) 탕천(湯泉)

탕천(湯泉)은 온천(溫泉)을 말한다. 물이 솟아 나오면서 땅속에 있는 유황(硫黃) 때문에 끓어서 데워지는 것이다. 왕성(旺盛)한 지기(地氣)가 녹아 샘[泉]이 되고, 그 샘이 끓어 기(氣)를 발산시키므로 혈을 맺지 못한다.

(13) 폭포천(瀑布泉)

폭포수는 바위 위로 흐르던 물이 석벽(石壁) 아래로 쏟아지는 것으로 혈(穴) 앞에서 보면 눈물을 흘리는 모습과 같아 좋지 않다. 물이 우레나 북을 두드리는 또는 곡(哭)소리처럼 내면 더욱 나쁘다. 다만 그윽하고 기이한 바위굴의 폭포수가 진주 발(珍珠簾)과 같으면 맑고 고상한 도사나 스님이 나온다고 한다.

(14) 황천(黃泉)

황천(黃泉)이란 색깔을 말하는 것이 아니고 땅속으로 스며드는 물을 말한다. 비가 많이 오면 물이 차오르고, 그치면 물이 땅속으로 스며들어 말라 있는 샘을 말한다. 이런 곳은 토질이 허약하고 지친 듯기가 없는 모래땅으로 지기(地氣)가 뭉치지 못한다. 또한 이런 땅은 밟으면 발자국이 나는 무른 흙으로 음택(陰宅)과 양택(陽宅) 모두 좋지 않다.

4) 수구(水口)

(1) 수구(水口)의 정의

수구(水口)란 혈(穴) 좌우측을 흐르는 명당수(明堂水)가 청룡과 백호의 끝부분에서 서로 합수(合水)되어 청룡과 백호 밖으로 흘러나가는 물길을 말하며, 파구(破口)라고도 한다.

혈의 장풍(藏風)을 담당했던 청룡과 백호는 수구가 가까워질수록 소[牛] 뿔처럼 점점 가늘어 지면서 혈의 방향으로 굽어져야 한다. 이때 청룡과 백호의 길이가 서로 다르다면 혈을 감싸 굽어진 청룡과 백호 끝부분이 서로 어긋나면서 교차하게 되는데 이런 형상을 교쇄(交鎖)라고 한다. 이렇게 교쇄된 혈을 '수구가 잘 짜였다, 수구가 닫혔다, 수구가 보이지 않는다' 등으로 표현하는데, 풍수에서는 아주 좋은 형상으로 간주한다. 반대로 수구가 열리면 재물(財物)이 줄어들고 음란(淫亂)한 사람이 난다고 하여 좋지 않으며 혈을 이루지 못한다.

수구가 열리는 경우는 청룡과 백호가 밖으로 굽는다든지, 어느 하나가 일직선으로 뻗는다든지, 내룡이 지나치게 길게 뻗어나가면 청룡과 백호를 따라 명당수(明堂水)도 나란히 흐르게 되는데, 이런 형상을 산과 물이 동행한다고 하여 산수동거(山水同居)라고 표현한다. 산수동거인 땅은 수구가 열렸다고 하여 좋지 않는 땅으로 본다.

수구 열림 즉 교쇄가 되지 못한 원인은 주산(主山)이 혈을 향하지 못하고 뒤로 기울어 졌거나, 청룡과 백호 끝 부근이 기봉(起峰) 하였거나, 청룡과 백호는 짧고 내룡이 긴 경우, 과협이 잘못되었을 때 생길 수 있는 형상이다.

혈에서는 청룡과 백호가 교쇄(交鎖)되어 명당수가 지현자(之玄字)처럼 흘러야 좋은 경우이다.

한마디 수구(水口)가 열리면 재물이 줄어든다?

수구가 열리면 '재물이 줄어들고, 음난(淫亂)한 사람이 나온다'는 말이 왜 있는지, 실제로 그럴 수 있는 지에 대해서 풍수지리적인 논리로 입증해 보겠다.

첫째, 수구가 열렸을 때의 가장 큰 문제가 그 곳으로 바람이 들어온다는 사실이다. 바람은 수분을 증발시켜 주변을 건조하게 만든다. 건조하면 건강이 나빠지고, 건강이 나빠지면 의료비 지출과 함께 노동력의 상실로 인해 경제적인 여건 또한 나빠진다. 이러한 바람의 영향은 일시적인 현상이 아니고 지형지세에 따른 문제이기 때문에 악순환이 될 수 있다는 데 더 큰 문제가 있는 것이다.

둘째, 식수 문제다. 수구가 열리면 수로는 일직선이 되어 물이 혈 주변에서 빠르게 빠져나가게 된다. 따라서 물이 지하로 스며들 수 있는 시간이 줄어들어 궁극적으로는 지하수 비축에 영향을 줄 수 있다.

셋째, 정화능력이다. 수구가 열리면 물의 흐름이 빨라져 수량이 급격하게 줄어들게 되며, 수량이 적으면 자정능력과 정화능력이 감소되어 명당수와 식수의 오염농도가 증가할 수 있다.

넷째, 용수의 부족현상이다. 수량이 줄어들어 가뭄 시에 심각한 물 부족현상이 나타날 수 있다.

다섯째, 지형지세의 변화다. 수로가 일직선이 되면 물이 흘러나가는 속도가 빨라져 수로 주변 땅에 미치는 영향이 크다. 홍수 시 제방이 무너질 위험이 크고, 논과 밭 등 명당[들]에 골이 형성되어 평탄하던 땅에 경사면이 생기게 된다. 경사면이 형성되면 생산성이 떨어질 수 있고, 작업능률도 떨어지게 된다.

여섯째, 환경의 변화 문제다. 토사 유출로 인하여 골이 깊어지고 혈의 표면이 낮아져 일사량 부족으로 생물체의 성장저하와 생활환경이 나빠진다. 또한, 비가 적게 내리면 심한 가뭄이 들고, 많이 내리면 홍수와 산사태 등의 문제가 발생할 수 있다.

이와 같은 문제로 인하여 수구가 열리면 사람의 건강이 나빠지고, 자연재해가 발생하여 경제적으로 궁핍해지게 마련이다. 이를 극복하기 위하여 생계 수단으로 살던 곳을 떠나 갈 수밖에 없기 때문에 술수적으로 '재물이 빠져나가거나 음란한 사람들이 나온다'고 할 수 있는 것이다.

(2) 수구사(水口砂)

『택리지(擇里志)』에 "무릇 수구(水口)가 엉성하고 널따랗기만 한 곳에는 비록 좋은 밭 만 이랑과 넓은 집 천간이 있다 하더라도 다음 세대까지 내려가지 못하고 저절로 흩어져 없어진다. 그러므로 집터를 잡으려면 반드시 수구가 꼭 닫힌 듯하고, 그 안에 들이 펼쳐진 곳을 눈여겨보아 구할 것이다."고 하여 수구의 중요함과 그 영향을 표현하고 있다.

풍수지리에서 수구는 매우 중요시되는 논리 가운데 하나인데, 수구의 '열림과 닫힘'의 차이가 정 반대의 길흉화복으로 연결되기 때문이다.

그래서 수구에는 물이 직선으로 흘러나가지 못하게 하는 산이나 바위 등의 사(砂)가 있으면 좋은 것으로 본다. 이것을 수구사(水口砂)라 하며, 수구사에는 한문(捍門), 화표(華表), 북신(北辰), 라성(羅星)이 있다.

○ 한문(捍門)

수구(水口)의 양쪽 즉 청룡과 백호 끝에 조그마한 산이나 바위가 서 있는 것으로 일종의 문기둥처럼 생긴 것을 말한다.

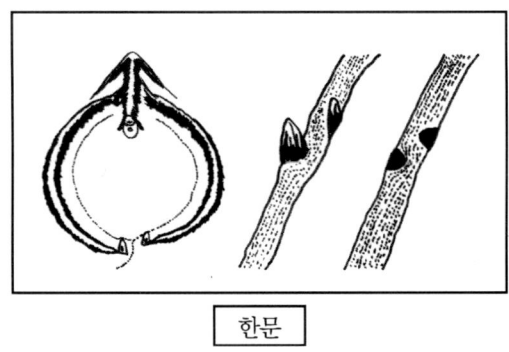

한문

○ 화표(華表)

수구(水口) 한 가운데 산이나 바위 등이 기이하게 우뚝 솟아 물의 흐름을 느리게 하면서 명당을 보국(保局)하는 역할을 한다.

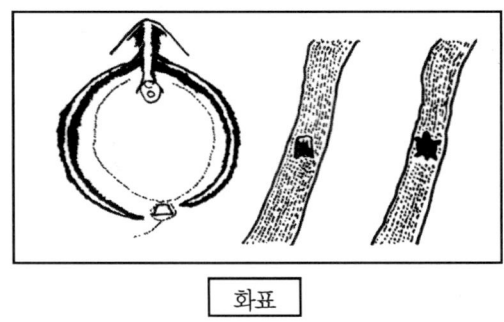

화표

○ 북신(北辰)

수구(水口) 가운데서 산이나 바위 등이 기이하게 우뚝 솟아 물의 흐름을 느리게 하면서 명당을 보국(保局)하는 역할을 한다. 화표(華表)보다 더 괴이하게 생긴 것을 말한다.

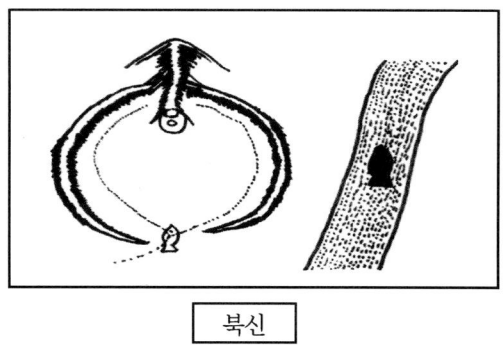

북신

○ 라성(羅星)

수구(水口) 가운데 돌이나 흙이 쌓여 작은 언덕(일종의 '삼각주'를 말함)을 형성하고 있는 것을 말하며, 바위로 이루어지면 흙으로 이루어 진 것보다 길격으로 본다.

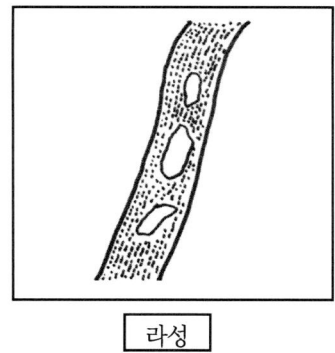

라성

2.2. 좌향(坐向)

2.2.1. 좌향론(坐向論)

1) 방위(方位)

어느 기준 점에서 뒤쪽을 좌(坐), 앞쪽을 향(向)이라 하여 좌(坐)와 향(向)은 일직선상에서 서로 반대쪽을 일컫는데, 이를 좌향(坐向)이라 한다. 즉 사신도(四神圖)에서 '북현무(北玄武)와 남주작(南朱雀)', '좌청룡(左靑龍)과 우백호(右白虎)'가 좌와 향의 관계이다.

좌와 향의 명칭은 동서남북이 아닌 십간십이지(十干十二支)를 조합하여 만든 별도의 호칭과 순서가 있으며, 고유의 방위(方位)가 지정되어 있다. 동서남북을 나타내는 동양식 방위의 또 다른 표현이다.

한마디 **8방위(方位)와 24방위(方位)**

① 24방위(方位)

사방(四方) 360°를 15°씩 나누어 24개 방위로 구분하였으며, 그 명칭은 십간(十干)에서 무(戊)와 기(己)를 빼고 건·곤·간·손(乾坤艮巽)을 포함하여 12자와 십이지(十二支) 12자를 조합하여 만들어졌다. 북쪽에서부터 시계방향으로 '壬·子·癸·丑·艮·寅·甲·卯·乙·辰·巽·巳·丙·午·丁·未·坤·申·庚·酉·辛·戌·乾·亥' 순으로 배치하였다.

② 8방위(方位)

24방위인 '壬·子·癸·丑·艮·寅·甲·卯·乙·辰·巽·巳·丙·午·丁·未·坤·申·庚·酉·辛·戌·乾·亥'를 3방위(45°)씩 묶어 8개 방위로 구분하였다. 각 방위별 이름은 坎(北, 壬子癸), 艮(北東, 丑艮寅), 震(東, 甲卯乙), 巽(南東, 辰巽巳), 離(南, 丙午丁), 坤(南西, 未坤申), 兌(西, 庚酉辛), 乾(北西, 戌乾亥)이다.

③ 24방위에서 좌(坐)와 향(向)

일직선상에서 서로 반대쪽이 坐 또는 向이 된다.

'壬↔丙·子↔午·癸↔丁·丑↔未·艮↔坤·寅↔申·甲↔庚·卯↔酉·乙↔辛·辰↔戌·巽↔乾·巳↔亥'

2) 좌향(坐向) 정하는 법

『풍수학 사전(김두규, 비봉출판사)』에 보면 좌향을 정하는 방법의 유형이 아래와 같이 정의되어 있다.

⑴ 용(龍)을 의지하여 좌향을 정하는 방법

산 능선의 마지막 부분이 멈출 때 어느 방향에서 흘러와 어느 방향으로 가는가를 보고 좌향을 정하는 방법으로 가장 많이 쓰인다.

⑵ 안대(案對) 위주 방법

무덤이나 건물 앞에 보이는 안산이나 조산의 아름다운 봉우리와 방향을 일치시키는 방법으로 내룡(來龍)이 불분명할 때 주로 활용한다.

⑶ 귀산(鬼山)이나 낙산(樂山)의 방향을 기준

산 능선이 흘러가다가 90° 꺾어지면서 혈이 맺히는 경우, 이를 풍수용어로는 '횡룡결혈(橫龍結穴)'이라 부른다. 이 때 혈 뒤의 공허한 부분을 비보 혹은 지탱해주는 귀산(鬼山)이나 낙산(樂山)과 무덤을 일치시켜 좌향을 정하는 방법이다.

⑷ 물길을 기준으로 좌향을 정하는 법

물길이 어디에서 흘러나와 어디로 빠져나가느냐를 보고 좌향을 정하는 방법으로 주로 이기론 풍수에서 많이 활용한다. 파구(破口)의

방향을 정확하게 측정하기가 현실적으로 불가능하기 때문에 설득력
이 없다.

2.2.2. 라경(羅經)

1) 라경(羅經, 佩鐵)의 역사

주(周)나라 때 이미 '토규(土圭)'가 사용되었다는 언급이 있고, 그
후『장서(葬書, 錦囊經)』와 송(宋)나라 때 뇌문준(賴文俊)이 쓴『최관
편(催官篇)』에도 언급되고 있다. 춘추전국시대에는 '사남(司南)' 또는
'지남(指南)'이라는 도구로 방향을 측정하였다는 기록이『한비자(韓非
子)』「유도편(有度篇)」에 나타나고, 한(漢)나라 때에 왕충(王充)의『
논충(論衡)』에 '사남(司南)'과 '지남(指南)'이라는 도구를 만들어 사
용하였다는 기록이 있다. 또 한(漢)나라 때에는 육임점반(六壬占盤)
이란 것이 있었는데, 한때 토규(土圭)와 육임점반(六壬占盤)이 같이
사용되어졌던 것으로 보인다.

현재 사용되고 있는 라경(羅經)은 정유재란 이전까지는 없다가 한
반도에 들어온 때는 1600(선조 33)년 이문통(李文通)을 통해서였다.
이문통이 라경(羅經, 佩鐵)을 한반도에 소개하기 전에는 윤도(輪圖)
와 규형(窺衡, 인지의)이 사용되었다.

2) 편각(偏角)과 복각(伏角)

⑴ 기본방향
① 진북(眞北)

지리적으로 북극(北極)이 위치한 지점이며, 지리좌표의 경도(傾度),
자오선(子午線)이 모이는 지점이다.

② 자북(磁北)

나침반(羅針盤)이 가리키는 북쪽으로서 적도(赤道)를 기준으로 북반구에서는 캐나다 북쪽 허드슨만 부근 부샤반도 일대의 천연적인 자력지대를 지향한다.

③ 도북(圖北)

지도 좌표선의 상부가 지향하는 방향을 가리키는 것으로 우리나라의 동쪽지역은 진북(眞北)의 오른쪽, 서쪽지역은 진북(眞北)의 왼쪽으로 나타난다.

(2) 편각(偏角)

편각(偏角)이란 위의 진북(眞北), 자북(磁北), 도북(圖北) 사이의 각각의 편차를 말한다. 편각에는 도편각(圖偏角), 도자각(圖磁角), 자편각(磁偏角)이 있다.

편각은 매년 불규칙하게 변하는데 우리나라는 서쪽으로 1′~1.5′씩 변하며, 남쪽에서 북쪽으로 갈수록 도자각(圖磁角)의 편차가 증가하여 서편각(西偏角) 5°30′~8°30′이다.

① 도편각(圖偏角)

진북(眞北)과 도북(圖北) 사이의 편각

② 도자각(圖磁角)

자북(磁北)과 도북(圖北) 사이의 편각

③ 자편각(磁偏角)

진북(眞北)과 자북(磁北) 사이의 편각

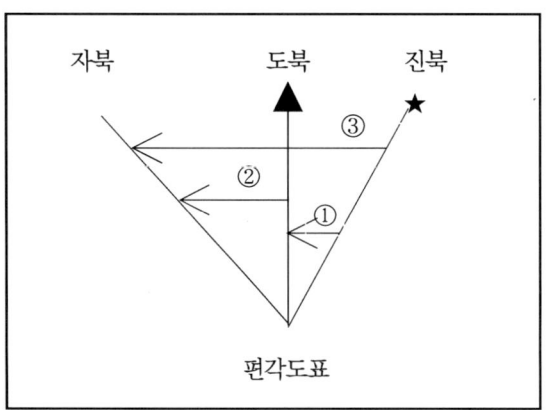

편각도표

(3) 복각(伏角)

지구자기(地球磁器)의 방향이 수평면과 이루는 각, 즉 나침반(羅針盤)의 바늘을 무게 중심에서 받쳤을 때 자침(磁針)과 수평면이 이루는 각(角)을 말한다. 복각(伏角)은 적도(赤道) 부근에서 0°에 가깝고, 북반구(北半球)에서는 양(+)으로 N바늘이 내려가고, 남반구(南半球)에서는 음(-)으로 S바늘이 내려간다. 복각이 +90°인 곳이 북자극(北磁極), -90°인 곳이 남자극(南磁極)이다.

(4) 삼침설(三針說)

편각(偏角)과 복각(伏角) 현상이 밝혀지면서, 방위의 정확한 측정을 위하여 라경(羅經)에 정침(正針)에 이어 봉침(縫針)과 중침(中針)이 만들어지게 되었을 것으로 추측된다. 그러나 편각 현상은 위치와 시간에 따라 편차가 불규칙적인 변화를 보이기 때문에 라경으로 방위를 측정할 때는 정침을 기준으로 측정하는 것이 그나마 편차를 줄여 줄 수 있다.

또한 라경을 이용하여 방위를 측정할 때는 라경을 지면에 수평으로 놓는 것이 오차를 줄이는 요령이다.

3) 나침반(羅針盤)의 원리

자기(磁氣)의 성질을 띤 침(針)이 북(北)쪽을 가리키는 원리를 이용하여 자석에 방위판을 붙여 만든 것이 자기나침반(磁氣羅針盤)이다. 지구를 하나의 큰 자석으로 생각하여 막대자석을 매어 달면 자기자오선(磁氣子午線)에 따라 남(南)과 북(北)의 방향을 가리키는 원리를 이용한 것이다.

지구의 자북(磁北)을 가리키는 자침(磁針)의 N극은 사실은 S극이고, S극은 N극인데 지자기(地磁氣)와 같이 같은 극은 배척하고, 서로 다른 극은 끌어당기는 성질을 이용해서 사용에 편리하도록 자석의 남극에 N, 그리고 북극에 S를 표시한 것이다.

2.2.3. 라경(羅經, 佩鐵)의 원리

1) 층(層)의 구성

나침반(羅針盤)을 중앙에 설치한 후 나침반을 중심으로 동심원을 그리고, 그 원에 필요한 문자를 새겨 넣어 만들어진 것이 라경(羅經, 佩鐵)이다. 기본적으로 패철은 방위(方位)를 측정하기 위한 용도인 나침반으로서의 기능을 수행하였던 것이 어느 시점부터 술수적인 용도가 추가되어 마치 라경 하나로 모든 터의 길흉화복을 논할 수 있는 것으로 착각하는 술사가 많다.

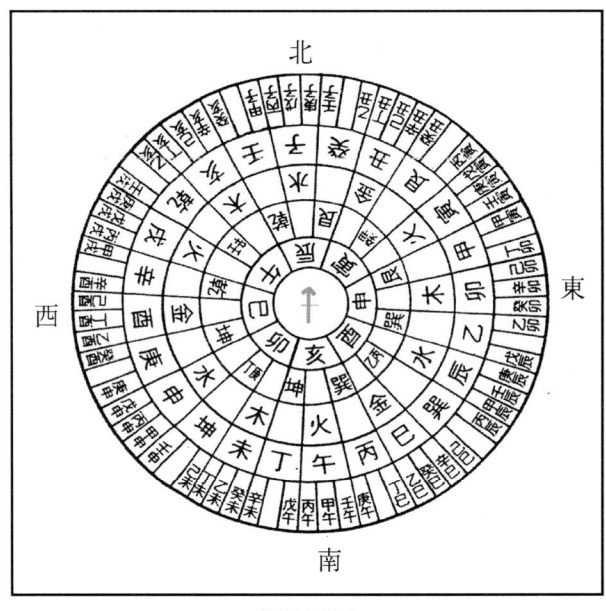

라경도

라경(羅經, 佩鐵)의 각 층별 용도는 다음과 같다.

1층: 黃泉水

2층: 黃泉煞

3층: 三合五行

4층: 地盤正針

5층: 分金線

6층: 人盤中針

7층: 60向

8층: 天盤縫針

9층: 120分金線

2) 각 층(層)의 용도

(1) 1층(八曜水, 黃泉水)

라경(羅經)의 층(層)은 가운데 있는 나침반(羅針盤)을 기준으로 가까운 원부터 멀리 있는 원의 층을 헤아리면 된다. 따라서 나침반에 제일 가까이 있는 원을 1층, 그 다음 원을 2층이라 한다.

1층은 황천수(黃泉水, 八曜水)를 알아보는 용도로 쓰이나 역시 이치에 맞지 않아 술수적 한계를 벗어나지 못한다.

1층에는 '진(辰), 인(寅), 신(申), 유(酉), 해(亥), 묘(卯), 사(巳), 오(午)'의 8방위로 구분되어 있다. 24방위를 3방위씩 묶어 배열하였기 때문에 진(辰)방위에 속하는 24방위는 '임(壬)·자(子)·계(癸)', 인(寅)방위는 '축(丑)·간(艮)·인(寅)' 이다.

적용하는 방법은 무덤의 좌(坐)가 '임(壬), 자(子), 계(癸)' 셋 중 하나 일 경우 진(辰)방위에서 지하수가 흘러나오면 광중(壙中)에 물이 고일 가능성이 있다는 논리이다.

다른 무덤도 좌(坐)를 가지고 이와 같은 방법으로 확인하면 된다.

(2) 2층(黃泉煞, 八曜風)

2층은 황천살(黃泉煞, 八曜風)을 측정하는데 쓰인다. 무덤의 장풍(藏風)을 담당하는 청룡이나 백호의 위쪽에 골이 져 그 곳으로 바람이 불어와 무덤에 기(氣)를 분산시키는 지를 확인하는 용도로 쓰인다.

이 바람을 황천살(黃泉煞, 八曜風)이라 하며, 음택(陰宅)과 양택(陽宅) 모두에서 중요시 한다.

2층에서도 1층과 같이 8방위로 구분되어 있다. '임(壬)·자(子)·계(癸)'를 1방위로 24방위를 순서적으로 3방위씩 구분하면 된다.

임(壬) 방위 2층에 건(乾), 계(癸) 방위 위에 간(艮)이 쓰여 있는데 이 건(乾)과 간(艮)은 '임(壬)·자(子)·계(癸)' 좌(坐)를 담당하는 황천살의 방위를 나타낸다. 즉 자좌오향(子坐午向)으로 무덤을 조성하였을 경우 청룡의 윗부분에 해당하는 간(艮)방위와 백호의 윗부분에 해당하는 건(乾)방위에 골이 졌다면, 이곳으로 바람이 들어와 좋지 않다는 논리이다.

다음 방위 '축(丑)·간(艮)·인(寅)'은 간(艮)위에 갑계(甲癸)라고 쓰여 있는데, 갑(甲)과 계(癸)가 '축(丑)·간(艮)·인(寅)'의 좌(坐)를 담당하는 황천살의 방위를 나타낸다.

(3) 3층(三合五行)

3층에는 오행(五行)이 표기되어 있는데, 24방위 중 지지(地支)에 해당하는 12방위를 수(水), 화(火), 목(木), 금(金) 네 기운으로 3방위씩 배분되어 있다.

예를 들면 신(申)·자(子)·진(辰)의 방위에는 수(水)가 표시되어 있는데 이 3방위는 수(水)의 기운을 갖고 있다는 뜻이다. 이와 같이 세 방위의 기운이 한 가지 오행 기운으로 나타나는 것을 삼합(三合)이라고 한다. 나머지 12개의 방위는 흙[土]의 기운을 지닌 방위로 구분한다.

지지(地支) 자(字)인 12방위의 삼합오행(三合五行)의 분류는 다음과 같다.

수(水): 신(申), 자(子), 진(辰)
화(火): 인(寅), 오(午), 술(戌)
목(木): 해(亥), 묘(卯), 미(未)
금(金): 사(巳), 유(酉), 축(丑)

(4) 4층(24方位)

4층을 정침(正針) 또는 지반정침(地盤正針)이라고 한다. 360°를 24방위로 나누어 나타내고 있어 1방위가 15°임을 알 수 있으며, 방위의 명칭은 천간(天干)과 지지(地支)가 조합되어 부여되어 있다.

24방위는 북쪽부터 시계방향으로 '임(壬)·자(子)·계(癸)·축(丑)·간(艮)·인(寅)·갑(甲)·묘(卯)·을(乙)·진(辰)·손(巽)·사(巳)·병(丙)·오(午)·정(丁)·미(未)·곤(坤)·신(申)·술(戌)·건(乾)·해(亥)'이다.

24방위 중 '임(壬)·자(子)·계(癸)·인(寅)·갑(甲)·을(乙)·진(辰)·손(巽)·사(巳)·병(丙)·오(午)·곤(坤)·신(申)·술(戌)·건(乾)'을 양(陽)의 방위라 하며, '축(丑)·간(艮)·묘(卯)·손(巽)·사(巳)·병(丙)·정(丁)·미(未)·경(庚)·유(酉)·신(辛)·해(亥)'를 음(陰)의 방위라 한다.

(5) 5층(分金線, 72龍)

5층을 72향 또는 72룡 이라 하며, 분금선(分金線) 이라고도 한다. 12지지(地支)에 해당하는 방위(方位)를 5등분하여 배치하였으며, 빈칸을 포함하면 72개가 되고, 명칭이 부여되어 있는 방위는 60개 이다.

3) 라경(羅經, 佩鐵)의 활용

'라경(羅經, 佩鐵)의 활용'에서 다루는 내용은 이기론(理氣論)과 관련된 논리로 형세론(形勢論)과는 전혀 부합되지 않을 뿐더러 현장에서 활용되어서는 안 되는 내용이다. 옳지 않은 논리라고 무조건 배척하기보다는 올바로 알아야 비판이나 배척이 가능하기에 다루어 본다.

(1) 좌선(左旋)과 우선(右旋)

무덤의 좌향(坐向)에 대한 방위(方位)를 구분 할 때는 모셔진 유골(遺骨)의 중심선을 기준으로 양쪽에 있는 2방위로 결정한다. 1방위로만 조성된 무덤은 지기(地氣)가 뭉치지 않는 것으로 본다는 논리다.

2자(字) 방위인 경우 유골(遺骨)의 좌향(坐向)을 읽는 순서는 유골이 놓여있는 용이 좌선(左旋)이냐 우선(右旋)이냐에 따라 구분한다.

용(龍)이 우선(右旋)일 경우에는 오른쪽에 있는 방위가 입수(入首) 방위가 되며, 왼쪽의 방위 글자가 좌(坐)가 된다. 즉 임자(壬子) 방위일 경우 우선용(右旋龍)이므로 좌향(坐向)을 읽는 방법은 임입수(壬入首) 자좌오향(子坐午向)이라고 한다.

좌선(左旋)일 경우에는 자입수(子入首) 임좌병향(壬坐丙向)이 된다.

한마디 좌선(左旋)과 우선(右旋) ?

① 좌선룡(左旋龍)과 우선룡(右旋龍)

주산(主山)에서 내려온 내룡(來龍)이 직선으로 곧게 내려오지 않고 좌측이나 우측으로 굽으면서 내려오게 되는데, 내룡의 끝이 우(右)측을 향하여 돌면서 혈(穴)을 맺는 용을 좌선룡(左旋龍), 좌(左)측으로 돌면서 혈을 맺는 용을 우선룡(右旋龍)이라고 한다. 즉 사람의 왼쪽 팔 모양을 하면 좌선룡, 오른팔 모양을 하면 우선룡이라 한다.

② 좌선국(左旋局)과 우선국(右旋局)

혈(穴)을 좌우에서 감싸주는 청룡(靑龍)과 백호(白虎) 중 어느 쪽이 혈 가까이에서 길게 감싸느냐에 따라 좌선국(左旋局)과 우선국(右旋局)으로 구분한다. 청룡이 혈 가까이에서 길게 감싸주는 것을 좌선국, 백호가 혈 가까이에서 길게 감싸주는 것을 우선국이라 한다. 이때 좌선국은 우선룡(右旋龍)이, 우선국은 좌선룡(左旋龍)이 혈을 이루어야 좋은 터가 된다. 좌선국을 청룡작국(靑龍作局)이라고도 하며 청룡이 강하기 때문에 남자(男子)와 장손(長孫), 벼슬, 명예, 직장 운이 좋다고 한다. 우선국은 백호작국(白虎作局)이라고도 한다.

③ 좌선수(左旋水)와 우선수(右旋水)

좌선룡(左旋龍)일 경우 우선국(右旋局)으로 혈을 이루게 되는데, 이때 내룡(來龍)과 백호사이 골[谷]에서 득수(得水)된 명당수(明堂水)

가 백호를 따라 좌측으로 흘러가다 수구(水口)로 빠져나가게 된다. 이와 같이 혈 우측에서 얻어진 물이 좌측으로 굽어 흐르는 물을 우선수(右旋水)라 한다. 좌선수(左旋水)는 우선룡(右旋龍), 좌선국(左旋局)의 혈의 청룡 측 골[谷]에서 득수 된 물이 청룡을 따라 우측으로 굽어 흐르는 물을 말한다.

(2) 2자 배합방위(二字配合方位)

유골(遺骨)의 좌향(坐向)이 2방위를 갖되 서로 좋은 기운을 만드는 2방위를 2자배합(二字配合) 방위라고 한다. 2자(字)가 좋은 배합을 이루기 위해서는 1자는 천간(天干)이며 다른 1자는 지지(地支)로 이루신다. 즉, '임자(壬子), 계축(癸丑), 간인(艮寅), 갑묘(甲卯), 을진(乙辰), 손사(巽巳), 병오(丙午), 정미(丁未), 곤신(坤申), 경유(庚酉), 신술(辛戌), 건해(乾亥)'를 2자 배합이라고 한다.

2자 배합 방위는 귀절(貴節), 부절(富節), 손절(孫節)로 구분된다.

2자 배합방위

종 류	용의 흐름과 4방위		길흉화복
	우 선(右旋)	좌 선(左旋)	
귀절(貴節)	壬子 甲卯 丙午 庚酉	子壬 卯甲 午丙 酉庚	공무원
부절(富節)	癸丑 乙辰 丁未 辛戌	丑癸 辰乙 未丁 戌辛	재벌
손절(孫節)	艮寅 巽巳 坤申 乾亥	寅艮 巳巽 申坤 亥乾	자손번창

길흉화복(吉凶禍福)의 추정요령은 '임자(壬子)' 혈의 경우 임(壬)과 자(子)는 배합방위이므로 좋은 기(氣)를 가진 땅으로 취급하며, 3층 삼합오행(三合五行) 논리에 따라 신(申)·자(子)·진(辰)생으로 태어난 남자 후손이 1 또는 6 수년에 귀(貴)의 발복을 받는다고 추정한다. 자(子)가 양(陽)이기 때문에 남자(男子) 후손임을 알 수 있다.

(3) 2자 불배합 방위(二字不配合方位)

2자 불배합(二字不配合) 방위는 2방위가 서로 배합을 이루지 못하고, 불배합(不配合) 방위를 이룬 것을 말한다. 불배합(不配合) 방위에서는 인패(人敗), 재패(財敗), 병패(病敗)가 일어난다고 한다. 2자 불배합 방위는 해임(亥壬), 자계(子癸), 축간(丑艮), 인갑(寅甲), 묘을(卯乙), 진손(辰巽), 사병(巳丙), 오정(午丁), 미곤(未坤), 신경(申庚),유신(酉辛), 술건(戌乾)을 말한다.

2자 불배합방위

종 류	용의 흐름과 4방위		길흉화복
	우선(右旋)	좌선(左旋)	
인패절(人敗節)	亥壬 寅甲 巳丙 申庚	壬亥 甲寅 丙巳 庚申	인명피해
재패절(財敗節)	子癸 卯乙 午丁 酉辛	癸子 乙卯 丁午 辛酉	재산피해
병패절(病敗節)	丑艮 辰巽 未坤 戌乾	艮丑 巽辰 坤未 乾戌	질병

길흉화복(吉凶禍福) 추정요령은 '해임(亥壬)' 혈에서 우선(右旋)의 경우 해(亥)·묘(卯)·미(未)생으로 출생한 여자 후손 중에서 3 또는 8수년에 목(木) 기운에 의하여 요절한다고 추정한다. 해(亥)가 음(陰)이기 때문에 여자(女子) 후손임을 알 수 있다.

'해임(亥壬)' 혈에서 좌선(左旋)의 경우는 임입수(壬入首)에 해좌사향(亥坐巳向)으로, 천간(天干)인 임(壬)자와 배합을 이루는 지지(地支)인 자(子)를 기준으로 추정한다. 따라서 신(申)·자(子)·진(辰)생의 후손 남자가 수(水) 기운으로 1 또는 6수년에 요절할 수 있다.

4) 재혈(裁穴)과 분금(分金)

(1) 재혈(裁穴)

재혈(裁穴)이란 혈장(穴場)이 정해지면 관(棺)이 들어갈 위치를 선정한 후 천광(穿壙) 작업을 하는 것으로 정혈(定穴)의 방법을 말한다. 재혈(裁穴)하는 방법은 좌선(左旋) 또는 우선(左右旋)이냐에 따라 분금선(分金線)에 맞추는 방법이 있고, 배합선(配合線)에 맞추어 천광(穿壙)을 하는 방법이 있다.

(2) 분금(分金)

분금(分金)이란 천광(穿壙)할 때 패철(佩鐵)의 5층 분금선(分金線)에 맞게 재혈(裁穴)하는 것을 말한다.

(3) 좌우선분금법(左右旋分金法)

패철 5층에는 12지지(地支)마다 5등분하여 배치하고 있다. 예를 들어 '임자(壬子)'의 경우 자(子)의 위쪽 5층을 보면 갑자(甲子), 병자(丙子), 술자(戌子), 경자(庚子), 임자(壬子)로 5등분이 되어있다.

① 우선(右旋)일 경우 임입수(壬入首) 자좌오향(子坐午向)이므로 자좌(子坐)에 해당하면서 임자(壬子) 배합선과 인접한 병자(丙子)의 중심과 향(向)이 되는 임오(壬午)의 중심에 일직선을 긋고, 임자(壬子)의 배합선과 교차지점에 관(棺)의 중심이 안치되도록 천광(穿壙)을 하면 된다.

② 좌선(左旋)의 분금은 우선(右旋)과 반대 방법으로 하면 된다. 즉 자입수(子入首) 임좌병향(壬坐丙向)이므로 임좌(壬坐)에 해당하면서 임자(壬子) 배합선과 인접한 갑자(甲子)의 중심과 아래 향이 되는 경오(庚午)의 중심이 일직선을 긋고, 임자(壬子) 배합선과 교차지점에 관(棺)의 중심이 안치되도록 천광(穿壙)을 하면 된다.

(4) 배합선 분금(配合線分金)

배합선(配合線) 분금(分金)이란 복잡하게 좌우선(左右旋)에 의하여 분금을 하지 않고, 배합선대로 천광(穿壙)을 한 다음 하관(下棺)을 할 때 관(棺)을 광내(壙內)에서 좌우선(左右旋)에 맞게 조절하는 방법을 말한다.

2.3. 정혈법(定穴法)

2.3.1. 정혈법(定穴法)

1) 정혈법(定穴法)의 정의

무덤 터, 집 터 혹은 도읍지의 경우 관청이 들어설 자리를 정하는 과정과 방법을 정혈법(定穴法) 이라 한다.

2) 정혈법(定穴法)의 중요성

『장서(葬書, 錦囊經)』에 "털끝만 한 차이로도 화(禍)와 복(福)이 천리(千里)의 거리 차이가 난다"[14]는 말이 있다. 혈(穴)을 정할 때 신중을 기하지 않으면 좋고 나쁨의 결과가 반대로 나타난다는 말이다. 주자(朱子) 또한 산릉의장(山陵議狀)에서 "정혈의 법(法)이란 침구(鍼灸)에 비유할 수 있는 것으로 스스로 일정한 혈(穴)의 위치를 갖는 것이기 때문에 터럭 끝만큼의 차이도 있어서는 안 된다"고 강조하고 있다. 그만큼 정혈(定穴)이 중요한 것이다.

> **한마디** **털 끝 만큼의 차이[毫釐之差] 란?**
>
> 호리지차(毫釐之差)를 단위로 환산하여 계산하면,
> 호(毫)는 리(釐)의 1/10,

---

14) 毫釐之差 禍福千里.

리(釐)는 척(尺)의 1/1000,

척(尺)은 30.303cm 이다.

∴ **毫釐之差** = 30.303cm×1/10×1/1000≒0.003cm≒0.03mm.

3) 정혈(定穴)의 방법

혈(穴)을 정하는 방법은 용(龍), 혈(穴), 사(砂), 수(水) 순으로 살펴 정하여야 한다. 내룡(來龍)의 생사(生死) 여부, 혈장(穴場)의 형성 여부, 주산(主山)과 안산(案山), 청룡(靑龍)과 백호(白虎)의 반듯 함과 물길을 살펴 혈의 위치를 결정하는 것이다.

『명산론(明山論)』 혈법편에 "첫째, 용과 혈을 취하고, 둘째, 물을 취하고, 셋째, 전후좌우의 응(應)하는 산들을 취하고, 넷째, 혈 앞에서 대면하는 안산(案山)을 취하면서 이것들을 전체적으로 잘 조화시키는 것, 이것이 바로 혈법(穴法)의 근본이 된다."[15]고 한 것과 같은 말이다.

4) 정혈(定穴)의 구체적인 방법

(1) 귀성정혈법(鬼星定穴法)

산줄기가 진행하다가 굽게 되면 뒷부분에 지각(枝脚)이 있어야 하고, 솟아 기봉을 하면 좌우로 지각이 있어야 산줄기가 균형을 유지하여 기울어 지지 않는다. 이와 같이 횡룡(橫龍)에서 나온 내룡이 맺은 혈은 뒤에서 받혀주는 지각을 필요로 한데 이것을 귀성(鬼星) 또는 귀산(鬼山)이라 한다.

귀성(鬼星)은 횡룡(橫龍)에서 혈을 맺을 때 갖추어야 할 혈증(穴證)의 하나로 귀성이 없으면 기가 모이지 않아 진혈(眞穴)이 되기 어렵다. 따라서 귀성을 확인하고 혈을 정하는 것을 귀산정혈법(鬼山定穴法)이라 한다.

---

15) 一取山 二取水 三取應 四取對 而粘綴之 是爲根本.

(2) 낙산정혈법(樂山定穴法)

횡룡(橫龍)이나 측뇌(側腦)에 혈을 정할 때 는 뒤에 낙산(樂山)이 있어야 진혈(眞穴)이라 하는데, 이 낙산을 혈증(穴證)으로 삼아 혈을 정하는 방법을 낙산정혈법(樂山定穴法)이라 한다. 낙산(樂山)이란 주산(主山)이 아닌 혈 뒤에 솟아있는 산으로 멀고 가까움을 막론하고, 혈(穴) 또는 명당(明堂) 가운데에서 보이는 산을 말한다. 낙산은 내룡(來龍)에 붙었거나, 다른 산 또는 호종(護從)하는 산 이든 혈(穴)에서 보이는 것이 가장 좋고, 명당(明堂)에서 보이는 것이 그 다음이다.

낙산이 가까운 것과 먼 것이 있으면 가까운 산으로, 길고 짧으면 긴 것을, 많고 적으면 많은 곳으로, 좌(左)측에 있으면 좌(左)측에, 우(右)측에 있으면 우(右)측에, 가운데 있으면 가운데에, 너무 높아 보이면 낮은 곳에, 낮아 보이면 높은 곳에 혈을 정해야 한다. 낙산이 너무 웅장(雄壯)하고 크면 혈을 능멸하고 억압하는 것이 되어 좋지 않은 것으로 본다.

(3) 명당정혈법(明堂定穴法)

혈(穴) 앞에 펼쳐진 명당(明堂)을 기준으로 혈을 정하는 방법을 말한다. 혈이 명당의 중앙을 바라보아 혈에서 보면 명당의 좌우 균형이 맞는 위치를 찾는 것을 명당정혈법(明堂定穴法)이라 한다.

명당은 넓고, 평탄하며, 원만해야 하며, 비거나 뚫린 곳이 없어 기울어지지 않아야 한다. 좁고, 경사지고, 비뚤어지고, 빈 곳이 많으면 좋지 않다고 본다.

(4) 분합정혈법(分合定穴法)

혈(穴) 윗 부근에서 팔자(八字) 모양으로 물이 나뉘었다가[分水] 혈 아래 전순(氈脣)을 지나서 다시 물이 합해지게 되면[合水] 바로 이곳에 생기(生氣)가 모여 진혈(眞穴)이 된다. 이와 같이 분수와 합

수 사이에 혈을 정하는 것을 분합정혈법(分合定穴法) 또는 분수합수
정혈법(分水合水定穴法) 이라고도 한다. 이때 위에서 분수(分水)만
되고 아래에 합수(合水)되지 않으면 혈을 이루지 못 한다.

(5) 선익정혈법(蟬翼定穴法)

내룡(來龍)의 기세(氣勢)가 혈로 들어가기 직전에 볼록 솟아오른
부위에서 나온 지각(枝脚)이 바로 선익(蟬翼)이다. 매미 날개와 같이
보일 듯 말듯, 있는 듯 없는 듯 혈장(穴場)을 감싸는 기능을 담당한
다. 일부 술서에서는 선익(蟬翼)이 확실하면 청룡과 백호가 없어도
괜찮다고 할 정도로 중요하다.

따라서 선익(蟬翼) 아래에 혈을 정하면 된다.

(6) 수세정혈법(水勢定穴法)

혈(穴) 주변을 흐르는 물길을 보고 혈을 정하는 방법을 수세정혈
법(水勢定穴法)이라 한다. 물길이 명당 좌(左)측에 모이거나 좌(左)측
을 활처럼 감싸 돌면 혈이 좌(左)측에 있고, 반대로 물길이 명당의
우(右)측으로 모이거나 우(右)측을 활같이 감싸 돌면 혈은 우(右)측
에 있다. 물길이 명당 가운데를 향하여 들어와 다시 혈장(穴場)을 둥
글게 감싸주면 혈은 가운데 있다.

물길이 크면 높은 곳에 혈을 정하고, 작고 부드러우면 낮은 곳에
혈을 정한다. 물의 방향이 내룡(來龍)과 같은 순세(順勢)이면 혈을
낮은 곳에, 역세(逆勢)이면 높은 곳에 정한다.

(7) 용호정혈법(龍虎定穴法)

청룡(靑龍)과 백호(白虎)의 형태를 살펴 정혈(定穴)을 하는 방법으
로 청룡이 아름다우면 혈을 좌측에 의지하고, 백호가 아름다우면 혈
을 우측에 의지한다.

용호(龍虎)가 낮으면 바람을 피하여 낮은 곳에 혈을 정하고, 용호(龍虎)가 높으면 높은 곳에 혈을 정한다. 용호(龍虎)가 높지도 낮지도 않으면 혈을 중간에 잡으면 된다.

용호(龍虎)가 혈상을 찌르듯 하거나 배반(背反)하면 그것을 반드시 피하여 혈을 정해야 한다. 만약 용호(龍虎)중 어느 하나가 없는 곳에 물길이 감싸 흐르면 혈을 정할 수 있다.

한마디 천혈(天穴), 인혈(人穴), 지혈(地穴) ?

① 천혈(天穴)

용신(龍身)이 솟아 기(氣)가 위로 뜬 것으로 높은 곳에 있는 혈을 천혈(天穴)이라 하며, 높고 밝은 곳에 위치하기 때문에 귀(貴)의 발복이 크다고 한다. 청룡과 백호, 조산(朝山)과 안산(案山)이 모두 높을 때 천혈(天穴)로 정한다.

② 인혈(人穴)

용신(龍身)의 중간 즉 산의 중턱에 있는 혈을 인혈(人穴)이라 하며, 부귀(富貴)를 겸비한다고 한다. 청룡과 백호, 조산(朝山)과 안산(案山)이 모두 높지도 낮지도 않으면 인혈(人穴)로 정한다.

③ 지혈(地穴)

용신(龍身)이 엎드려서 아래로 떨어진 것으로 낮은 곳에 있는 혈을 지혈(地穴)이라 하며, 부자가 나올 땅은 침침하고 어두운 곳에 많으므로 부(富)의 발복이 크다고 한다. 청룡과 백호, 조산(朝山)과 안산(案山)이 모두 낮을 때 지혈(地穴)로 정한다.

(8) 전순정혈법(氈脣定穴法)

주산(主山)에서 뻗어 나온 내룡을 통하여 전달된 지기(地氣)가 혈(穴)을 만들고 남은 여기(餘氣)로 이루어 진 부분을 전순(氈脣)이라 한다. 즉 혈이 안정감을 가질 수 있는 혈 앞쪽의 여백이다. 따라서 전순의 길이가 너무 길거나 짧거나 모두 좋지 않은 것으로 본다.

전순(氈脣)은 견고 무결하고, 완만하며, 혈장 각 부분과 형평을 이루어야 한다. 따라서 전순이 확실하면 그 윗부분에 혈을 정하면 된다.

(9) 전호정혈법(纏護定穴法)

전호(纏護)란 둘러 보호한다는 의미로 마치 하인이 주인을 호위함과 같은 것이다. 하인은 주인에게서 너무 가깝지도 멀지도 않은 거리에 있듯이, 혈을 둘러싸 보호하는 산도 혈과 적절한 거리를 유지하여야 한다.

전호(纏護)는 주룡(主龍)이나 혈장(穴場)을 외산(外山) 또는 외봉(外峯)이 둘러싸는 것이니, 송산(送山)이 짧으면 혈이 안쪽에 있고, 송산(送山)이 길면 송산이 끝나는 곳에 혈이 있음이 원칙이다.

(10) 조안정혈법(朝案定穴法)

조산(朝山)이나 안산(案山)의 크기와 위치, 수려함 정도를 고려하여 혈(穴)을 정하는 방법이다. 조산(朝山)이 높아 혈에 위압감을 주면 혈을 높은 곳에 정하여 조산이 낮아 보여 편안하도록 하고, 조산이 낮으면 혈도 낮은 곳에 정해야 한다. 수려한 조산이 좌측에 있으면 혈도 좌측에 정하고, 우측에 있으면 혈도 우측에 정해야 한다. 조산(朝山)이 있더라도 추악하거나, 조산이 수려하더라도 너무 멀면 좋지 않다.

(11) 천심십도정혈법(天心十道定穴法)

혈(穴)을 중심으로 하여 전후좌우에 응(應)하는 산이 십자(十字) 모양으로 된 교차지점에 혈을 정하는 것을 천심십도정혈법(天心十道定穴法)이라 한다. 혈 뒷산을 개산(蓋山), 앞산을 조산(照山), 양 옆산을 좌우 협산(夾山)이라 하여 이 네 개의 산이 정확히 서로 십자를 이루며 응해야 길혈(吉穴)이 되기 때문에 사응(四應)이라 한다. 반드시 사응(四應)하는 산의 중심과 중심이 연결되어야 천심십도(天心十道)가 되는 것으로 조금이라도 치우치거나 빗나가면 안 된다. 또한 십도(十道)를 이루는 사응(四應)만 정확하면 다른 산들의 존재 여부는 문제 삼지 않는다.

(12) 향배정혈법(向背定穴法)

혈(穴)을 향하여 모여드는 세(勢)는 유정하게 사귀는 것으로 보고 나를 즉 혈을 등지는 자[背]는 싫어하여 무정하다고 본다. 주산(主山)은 혈장(穴場)과 명당(明堂)을 내려다보듯 향(向)하고, 용호(龍虎)는 감싸 안듯 혈장을 포위(抱圍)하여 다른 곳은 돌아다보지 않으며, 조안(朝案)은 주인을 바라보듯 머리 숙여 혈장을 향하면 생기(生氣)가 뭉쳐 혈이 맺힌다. 전후좌우에 있는 산의 기(氣)가 응집(應集)되는 곳에 혈을 정하면 된다.

2.3.2. 혈기(穴忌)

1) 혈기(穴忌)의 정의

혈기(穴忌)란 혈지소기(穴之所忌)의 준말로서 기혈(忌穴)이라고도 한다. 혈을 정할 때 주의하지 않으면 안 되는 것을 말한다. 혈은 생기(生氣)가 뭉쳐 있는지의 여부인데, 생기가 뭉치지 못한 곳은 혈이 아니니 꺼리는 것이다.

2) 불가장지(不可葬地)

장사(葬事)를 지낼 수 있는 곳은 생기(生氣)가 뭉치는 곳이다. 그러나 생기가 모이지 않거나 흩어지는 곳은 장사를 지낼 수 없다는 것이 일반적인 관점이다. 옛 풍수서적에서 말하는 불가장지(不可葬

地)를 예로 들어 보겠다.

『장서(葬書, 錦囊經)』에 "석산(石山), 단산(斷山), 과산(過山), 독산
(獨山), 동산(童山) 등을 불가장지(不可葬地)"라 하였다.

『지리신법(地理新法)』에 "어떤 사람이 말하기를, 옛날에 벼락을 친
곳이나, 신들을 모셔놓은 건물 앞이나 사찰 뒤 등의 땅들을 꺼려하였
는데 이는 어떠한가? 라고 하는데, 이에 대해 말 하니, 그러한 것들
은 재앙을 일으키니 이야기 할 필요가 없다고 하였다."16)하여 장사
를 지낼 수 없는 곳을 말하고 있다.

3) 혈기(穴忌)의 종류

(1) 단한(單寒, 의지할 곳 없고 추위에 떪)

단한(單寒)이란 전후좌우 사방(四方)에서 보호해 주는 산이 없어
홀로 뻗어 나온 용(龍)으로 생기(生氣)가 없는 용이니 혈(穴)을 맺지
못한다. 이러한 곳에 혈을 잡으면 가난하고 궁색하다가 끝내는 집안
이 없어지게 된다.

그러나 기세가 큰 용(龍)이 고한(孤寒) 하여도 높은 곳에 와혈(窩
穴)이나 겸혈(鉗穴)을 만들어 스스로 혈을 호위하고 장풍(藏風)을 이
룰 수 있으면 이때는 꺼리지 않는다.

(2) 돌로(突露, 홀로 불룩 솟은 것)

돌로(突露)란 혈처(穴處)가 홀로 볼록 솟아 있는데 사방에서 보호
해 주는 산이 없어 바람에 그대로 노출된 것을 말한다. 대개 용(龍)
또한 주변 산으로부터 보호 받지 못하고 뻗어 내려온 경우로 꺼리는
곳이다. 용과 혈이 보호받지 못하고 밖으로 드러나면 생기(生氣)가
모이거나 뭉치지 않아 혈을 이루지 못한다.

---

16) 或曰, 古忌用天敗 天殺 神前 佛後等地者 如何.曰, 此類爲凶廣矣 不必論也.

(3) 산만(散漫, 어수선하게 흩어져 퍼져 있는 것)

산만(散漫)이란 게으른 듯이 늘어지고, 평탄하며, 넓은 것을 말한다.

(4) 수삭(瘦削, 몹시 여윔)

수삭(瘦削)이란 몹시 여윈 것을 말하는데, 이런 곳에는 윤택하지 못하고, 풍만하지 못하여 생기(生氣)가 없어 혈로 정하기를 꺼려한다. 다만 이러한 땅에는 사당(祠堂)을 지을 수 있을 뿐이다.

(5) 옹종(臃腫, 작은 부스럼)

옹종(臃腫)이란 산이 부스럼이 난 것처럼 헐었거나 흠이 있는 것을 말한다. 이러한 곳에 혈을 정하면 재앙(災殃)이 닥친다고 한다.

(6) 완경(頑硬, 흉악할 정도로 단단한 것)

완경(頑硬)이란 산의 경사가 급하고, 단단하고, 억세어 죽은 용[死龍]이 만든 혈을 말하는 것으로 이런 곳은 꺼려한다.

(7) 요결(凹缺, 움푹 파인 곳)

요결(凹缺)이란 청룡이나 백호에 움푹 파인 곳이 있는 경우를 말한다. 혈처(穴處)는 아름다운 산들이 사방(四方)을 감싸 장풍(藏風)을 이루어야 좋은 것으로 보는데, 청룡과 백호에 흠이 있어 혈처(穴處)로 바람이 불어들면 좋지 않다. 이러한 곳에 사는 사람과 후손은 끝내 절멸(絶滅)한다고 한다.

그러나 깊은 산골(山谷)에서는 장풍(藏風)을 요하기 때문에 요결(凹缺)이 무서우나, 평지에서는 사면(四面)에 막힌 것이 없어도 바람 맞는 것을 두려워하지 않는다.

(8) 유냉(幽冷, 깊숙하고 어둡고 서늘한 곳)

유냉(幽冷)이란 깊숙하여 어둡고 서늘한 곳을 말한다. 이러한 곳에서는 시신이 썩지를 않으며, 생룡(生龍)과 진혈(眞穴)이 없다.

(9) 조악(粗惡, 거칠고 추한 것)

조악(粗惡)이란 산세(山勢)가 거칠고, 지나치게 크고, 추악한 것을 말한다. 얼굴을 보면 그 사람의 마음과 성격을 알 수 있듯이 산(山)도 마찬가지다. 산이 맑고 수려하면 인물도 맑고 수려한 자가 나지만, 추악한 산에서는 인물도 그러한 자가 나온다. 이는 무덤에만 적용되는 것이 아니고 양택(陽宅)에도 적용되는데 지방향리(地方鄕里)까지도 산 모양에 따라 성격과 외모가 결정된다. 따라서 거칠고 추악한 곳에는 혈을 정하지 않는다.

(10) 준급(峻急, 높고 험하여 아주 가파름)

준급(峻急)이란 아주 높고 험하고 가팔라 사람이 서서 걷기가 어려울 정도로 급한 곳을 말한다. 혈처(穴處)는 평탄하고, 부드러우면서 완만한 곳에 있는데, 높고 험하고 가파른 곳에는 기(氣)가 뭉치지 못하므로 이러한 곳에는 혈을 정하지 않는 것이다. 만약 이러한 곳에 혈을 정하면 다치는 자가 나오거나, 소송에 휘말리거나, 사람이 죽는 재앙이 닥친다고 한다.

(11) 참암(巉巖, 크고 험한 바위)

참암(巉巖)이란 혈처(穴處)에 높이가 아득하고 무서운 형상을 한 큰 바위가 솟아 있는 것을 말한다. 이러한 돌산에는 장사(葬事)를 지낼 수 없어 혈로 정할 수 없다.

(12) 첨세(尖細, 날카롭고 가는 곳)

첨세(尖細)란 혈처(穴處)가 날카롭고, 가늘고, 미세한 곳을 말한다. 이러한 곳에는 생기(生氣)가 모이지 않고 흉(凶)하여 혈로 정할 수 없다.

(13) 탕연(蕩軟, 넓고 연약한 곳)

탕연(蕩軟)이란 혈처(穴處)가 넓으면서 물렁물렁할 정도로 연약한 곳을 말한다. 이와 같이 넓고 무른 땅에는 생기(生氣)가 모이지 않아 혈로 정할 수 없다.

(14) 파면(破面, 표면이 패인 곳)

파면(破面)이란 혈성(穴星)의 표면이 움푹 파이거나 부셔져 온전하지 못한 곳을 말한다. 인위적인 것도 포함되는데, 온전하지 못한 내룡(來龍)은 사룡(死龍)으로 취급할 만큼 좋지 않은 것이다. 혈 또한 온전하지 못하면 생기(生氣)가 모여 뭉치지 못하기 때문에 이러한 곳을 혈로 정해서는 안 된다.

(15) 허모(虛耗, 쇠약하고 피로 함)

허모(虛耗)란 토질(土質)이 허약하고 지친 듯 기(氣)가 없는 땅을 말한다. 생기(生氣)가 모여 뭉친 땅은 견실하여 손상이 되지 않는 데, 허약하고 부실한 땅은 뱀, 쥐, 땅강아지, 개미 등이 드나들며, 땅을 손상시켜 지기(地氣)를 누설(漏泄) 시키게 된다. 따라서 이러한 허모(虛耗)에는 혈을 정할 수 없다.

(16) 흘두(疙頭, 머리에 나는 부스럼)

흘두(疙頭)란 머리에 나는 부스럼으로 그 자리에 머리카락이 빠지는데, 산(山)에 모래와 돌이 섞여 나무가 자라지 못하고, 거친 풀과 가시관목만 우거진 마치 머리에 두창(頭瘡)이 생긴 사람과 같은 형상의 혈(穴)을 말한다. 이러한 곳에는 생기(生氣)가 모이거나 뭉치지 않아 혈(穴)로 정할 수 없다.

2.3.3. 오환(五患)

정자(程子)가 『장설(葬說)』에서 말한 터 잡기에서 피해야 할 다섯 가지 근심거리로 내용은 다음과 같다.

첫째, 훗날에 도로가 되지 않아야 한다.

둘째, 성곽이 되지 않아야 한다.

셋째, 도랑이나 연못이 되지 않아야 한다.

넷째, 권력자에게 빼앗기지 않아야 한다.

다섯째, 논밭이 되지 않아야 한다.

2.4. 비보진압풍수(裨補鎭壓風水)

2.4.1. 비보진압풍수(裨補鎭壓風水) 정의

집이나 마을 터를 정할 때 우선적으로 고려되는 것 중 하나가 바람을 막아주는 기능을 수행할 수 있는 터 인지의 여부다. 바람을 막아주는 것을 풍수에서는 장풍(藏風)이라 한다.

장풍이 되지 않는 원인으로는 청룡과 백호가 터를 감싸주지 못해 수구(水口)가 열렸거나, 청룡과 백호 능선에 흠이 있어 그 곳으로 바람이 불어 들어오거나, 터는 높은데 청룡과 백호가 낮거나, 청룡백호가 아예 없는 경우가 그렇다. 이런 터에서는 인공적으로 바람막이를 설치하여 사람이 살아가기에 적합한 환경을 유지할 수 있도록 한다. 즉 '당산나무, 숲, 선돌, 석불, 돌탑, 남근석, 장승' 등으로 바람을 막아주도록 하는 것이다.

이와 같이 어느 터에 부족함이 있을 경우 인공적으로 보완하는 일을 비보풍수(裨補風水)라 하고, 지나치게 강하거나 넘치는 것을 덜어

내는 것을 진압풍수(鎭壓風水) 또는 염승(厭勝) 혹은 압승(壓勝)이라 한다. 비보풍수와 진압풍수는 같은 장소에 같은 시설물로 동시에 실행될 수 있어 굳이 구분할 필요가 없는 경우도 있으며, 이를 합하여 비보진압풍수(裨補鎭壓風水)라고 한다.

비보진압풍수(裨補鎭壓風水)는 산(山)이 많은 한반도, 특히 산간지역에서 많이 활용되어 발전을 하게 되었다. 산간지역에는 골이 많고, 골에는 바람이 심하기 때문에 이 바람을 막아 줄 수 있는 비보물(裨補物)을 세웠던 것으로 보인다.

2.4.2. 비보진압풍수(裨補鎭壓風水) 실례

1) 글자비보

⑴ 흥인지문(興仁之門)

'흥인지문(興仁之門)'에서 '之'자를 넣어 굳이 4자로 한 것은 한양의 청룡인 낙산(駱山)이 짧기 때문이다. 현판에 산의 흐름처럼 생긴 글자인 '之'자를 넣어서 청룡인 낙산(駱山)의 길이가 연장된 것처럼 느끼게 한 것이다.

⑵ 숭례문(崇禮門)

한양 남쪽에 있는 '숭례문(崇禮門)'의 현판은 세로로 되어 있다. 한양의 조산(朝山)인 관악산(冠岳山) 정상이 불꽃 형상인 바위로 이루어져 화기(火氣)가 강하다고 한다. 그래서 관악산의 화기를 진압(鎭壓)하기 위하여 숭례문의 현판을 불꽃이 타오르는 형상인 세로로 세운 것이다. 숭례문의 '례(禮)'자가 오행으로 '화(火)'이기 때문에 불을 상징한다는데 기인하며, 이를 진압풍수(鎭壓風水)라고 한다.

흥인지문 현판

숭례문 현판

2) 남근석(男根石)

⑴ 순창 산동리 남근석

순창 산동리 남근석(男根石)이 있는 마을은 청룡과 백호가 교쇄(交鎖)를 하지 못하고 명당(明堂)으로 뻗어 나간다. 그래서 청룡과 백호 사이로 바람이 들어오는 것을 막기 위하여 비보(裨補) 숲을 조성하였으며, 그 숲 우측에 남근석을 세워 놓았다. 남근석은 흔히 기자신앙(祈子信仰)의 상징물로 취급되기 쉬우나 사실은 음기(陰氣)가 강한 곳에 세워져 있다. 만약 기자신앙의 상징물이라면 대부분의 마을에 세워졌어야 하는데 그렇지가 않다. 이 마을의 남근석은 수구(水口)에서 불어 들어오는 바람막이 역할을 담당한다. 음기는 춥고, 차갑고, 습한 것을 말한다.

순창 산동리 남근석

순창 산동리 여근곡

⑵ 정읍 원백암 남근석

정읍 원백암 마을은 청룡(靑龍)이 길어 안산(案山)까지를 담당하나 백호(白虎)는 짧다. 백호와 안산 사이에서 들어온 바람은 청룡을 따라 선회하여 마을 뒷산에 부딪친다. 바람이 부딪친 흔적으로 뒷산에는 이상한 형상의 골이 형성되어 있다. 바람이 바로 여근곡(女根谷)을 만든 것이다. 여근곡은 산에 골이 많이 진 형상의 또 다른 표현으로 음양(陰陽)에서 음으로 구분되고, 바람 또한 음기(陰氣)이기 때문에 양기(陽氣)인 남근석(男根石)을 여근곡 정면에 세웠다. 남근석의 실질적인 역할은 바람막이 이다.

정읍 원백암 남근석　　　　정읍 원백암 여근곡

한마디　산(山)에 골이 많으면 ?

마을을 감싸주는 산에 골이 많이 지면 빈산(貧山)이라 하여 꺼려한다. 특히 주산(主山)이나 안산(案山)일 경우 더욱 꺼리는 데, 골이 많이 졌다는 것은 바람이 많이 부딪쳤다는 근거다. 바람이 많은 지역은 건조하여 화재가 빈발할 수 있으며, 습도가 낮아 사람이 살기에도 불편한 곳이다. 또한, 뒷산에 골이 많으면 집중호우 시 골에서 흘러온 물로 인하여 홍수 피해 우려가 있어 마을은 뒷산과 일정한 거리를 유지하며 형성된다.

이와 같이 골이 많은 산을 빈산이라 하여 주산이나 안산으로 삼는 것을 꺼려하는 것은 사람이 평안하고 부유하게 살기에 부족한 지역이기 때문이다. 이런 산을 현군사(懸裙砂)라 하며, 현군사를 등지거나 바라본 곳에서는 재물이 줄어들고, 음란(淫亂)한 자가 나온다고 한다.

3) 누각(樓閣)

누각(樓閣)을 이용하여 비보(裨補)를 한 곳은 순천 선암사(仙巖寺)다. 이곳의 청룡과 백호는 교쇄(交鎖)되지 못하고, 머리를 서로 맞대고 싸우는 형국이라 수구(水口)가 열려 있다. 바로 이 수구에 세워진 '강선루(降仙樓)'가 수구막이 역할을 담당하고 있다.

선암사 수구와 강선루

4) 당간(幢竿)

삼면(三面)이 물로 둘러싸인 득수국(得水局)의 지형을 '행주형(行舟形)'이라 하는데, 행주형의 지형에는 '돛, 닻, 키' 등을 상징할 수 있는 사(砂)가 있으면 아주 좋다고 한다. 이런 사(砂)들은 배가 순항하는데 꼭 필요한 도구들이기 때문이다.

이런 사(砂)를 갖추지 못했다면 인공적인 비보물(裨補物)을 설치하게 되는데, 이때 배의 운항에 필요한 돛을 매어 달기 위해 당간(幢竿)을 주로 많이 세운다. 당간을 비보물로 설치한 곳은 행주형의 지형인 나주, 담양, 공주 등이 있다.

나주 석당간　　　　　행주형인 하회마을

5) 당산나무

주산(主山)이 뒤를 받치고, 좌우는 청룡과 백호가 둘러 감싸면서 앞은 안산(案山)이 막아 주는 터에 마을이 형성된다. 그래서 마을의 사방(四方)을 감싸주는 산의 어느 한 부분에 골이 지면 당산나무로 비보(裨補)를 한다.

당산나무가 마을로 들어오는 바람을 차단시켜 기온과 습도의 급격한 변화를 방지하여 사람의 건강을 지켜줄 수 있기 때문이다. 당산나무는 이와 같이 마을의 입구와 고갯마루에서 환경 지킴이 역할을 수행하는 비보물(裨補物) 이다.

> **한마디** 　**당산나무를 자르면 액운(厄運)이 따른다?**
>
> 당산나무의 위치는 마을의 입구, 청룡이나 백호의 끝부분, 마을 앞, 고갯마루 등이다. 그 곳으로 들어오는 외부의 바람을 막아주는 것이 당산나무의 중요한 역할이다. 마을의 온도와 습도의 적정한 유지를 통해 건강을 지켜주고, 화재(火災) 등의 재앙(災殃)을 막아 준다.
>
> 그런 당산나무를 통째로 자르거나, 한쪽 가지를 자르면 그 곳으로 바람이 들어오는 구멍이 생기게 된다. 이 구멍으로 들어오는 바람은 온도와 습도의 변화를 가져오게 되어 사람은 건강을 잃고, 마을은 건

조해져 화재 등의 재앙(災殃)이 닥칠 수 있는 것이다.

이와 같이 당산나무를 자르면 재앙이 따르는 이치는 미신이 아닌 과학적인 논리다.

6) 비보숲[洞藪, 마을숲]

당산나무 여러 그루가 한 장소에 모여져 심어있는 것을 비보숲 또는 동수(洞藪)라 하며, 조경학에서는 마을숲이라 한다.

어느 조경학자는 마을숲을 '더위와 추위를 막는 온도조절 기능과 바람막이, 물난리와 화재방지, 사교 공간, 흉물을 가리고 청소년의 심성을 돕는 구실'의 기능이 있다고 했다. 풍수지리에서 말하는 비보숲의 기능과 같다. 마을 주변을 감싸는 산줄기나 마을 앞이 열려 있을 때 이곳을 보완하기 위하여 비보숲이 조성되어 있다. 산과 골이 많은 산간지역과 마을 앞에 흐르는 큰 물줄기가 있는 지형에서 흔히 볼 수 있다.

논산 상월 비보숲

7) 비보진압사찰(裨補鎭壓寺刹)

『백운산 내원사 사적기(白雲山內院寺事迹記)』에 비보풍수에 대한 원리가 기록되어 있다. "산천에 결함이 있는 곳은 절을 지어 보충하고, 산천이 기세가 지나친 곳은 불상으로 억제하며, 산천의 기운이 달아나는 곳은 탑을 세워 멈추게 하고, 배역하는 산천 기운은 당간을 세워 불러들이고 ……(후략)"에서 말하는 절이 바로 부족한 곳을 보완하는 비보사찰(裨補寺刹)을 말한다. 우리나라의 비보사찰은 순천 향림사, 노선암, 선암사 각황선 등이 있다.

8) 사당(祠堂)

『설심부(雪心賦)』에 '단묘필거수구(壇廟必居水口)'라는 말이 있다. '제단과 사당은 반드시 수구에 있어야 한다'는 말로 신(神)을 위한 공간은 수구(水口)와 같이 좋지 않은 곳에 배치를 하여도 문제가 없다는 논리이다. 한양에 있는 동관왕묘(東關王廟)는 명당수인 청계천이 흘러나가는 수구에 자리하고 있는데, 이곳에 동관왕묘를 배치한 이유는 한양의 청룡인 낙산(駱山)이 짧아 수구가 허하기 때문이다.

9) 서낭당[城隍堂]

서낭당 또는 서낭댕이, 성황당(城隍堂)으로 불리는 지명(地名)이 전국 각지에 많이 분포되어 있는데, 그 지형을 살펴보면 고갯마루이다. 이곳으로 사람이 넘어 다니면 편리하지만, 바람이 넘어 다니면 좋지 않아 바람막이용으로 당산나무를 심고, 그 아래에 돌무더기를 쌓아 놓기도 하였다. 서낭당도 비보풍수(裨補風水)의 흔적이다.

공주 계룡면 서낭당

10) 석불(石佛)

(1) 예산 상가리 석불

흥선대원군(興宣大院君)의 아버지 남연군(南延君)의 묘 앞에 가야
사(伽倻寺)라는 절이 있었다. 그 절터 좌측에 있는 골짜기 입구 물길
에 미륵불이 세워져 있다. 이 미륵불은 골을 메워주면서 바람이 절터
로 불어오는 것을 막기 위해 세운 비보풍수(裨補風水)의 흔적이다.

(2) 천안 장산리 석불

담헌(湛軒) 홍대용(洪大容)의 생가 마을 청룡이 끝나는 곳에 미륵
불이 세워져 있다. 이 마을 앞에는 하천의 범람을 방지하기 위한 제
방이 있고, 마을 터는 하천 바닥 면과 별반 차이가 없다. 하천은 마
을 좌측에서 우측으로 흐르는데 큰물이 지면 마을이 위험할 수 있는
형국이다. 따라서 이 마을에서는 물의 범람을 막아주는 신앙적인 상
징물과 실제적인 물막이 시설을 필요로 했을 것이다. 이 모두를 충족
시켜 줄 수 있는 것이 바로 청룡 끝에 세워진 미륵불로 비보풍수(裨
補風水)의 흔적이다.

(3) 익산 동고도리 · 서고도리 석불

익산 금마면의 명당수인 옥룡천(玉龍川)의 양편에는 석불이 세워
져 있다. 옥룡천은 좌우 청룡과 백호가 일직선으로 길게 뻗자 수구가
열린 상태에서 흘러간다. 열린 수구를 보완하기 위하여 옥룡천 양쪽
에 미륵불을 서로 마주보게 세워 비보(裨補)를 하였다.

예산 상가리 석불   천안 장산리 석불   익산 고도리 석불

11) 석상(石象)

한양의 핵심 궁궐인 경복궁(景福宮)의 정문 광화문(光化門) 앞에 해태 석상 한 쌍이 세워져 있다. 해태는 물에 사는 상상의 동물로 물을 상징한 다. 따라서 광화문에 세워진 해태석상은 관악산(冠岳山)의 강한 화기 (火氣)를 진압(鎭壓)하기 위해 세운 진압풍수(鎭壓風水)의 흔적이다.

또한 전국 각지에 세워진 돼지석상 대부분은 화기(火氣)를 진압한 다는 오행(五行)의 논리로 세운 것이며, 산간지역 돌무더기에 올려져 있는 거북이 석상도 화재를 막기 위한 비보물(裨補物)이다.

광화문   광화문 해태상

12) 선돌[立石]

선돌 또는 입석(立石)으로 불리는 지명(地名)을 가진 곳이 전국각 지에 많은 데, 선돌[立石]이 서 있는 곳임을 알 수 있다. 선돌[立石] 은 자연적인 것과 인공적으로 세운 것으로 구분되는데, 인공적으로 세운 지역은 대개 골바람이 많아 바람을 막아주는 비보풍수적인 목 적으로 세운 것임을 알 수 있다. 선돌은 자연석을 가공하지 않고 세 웠다는 것이 남근석과 다른 점이다.

진안 주천 선돌   순창 팔덕 선돌

13) 연못

경복궁(景福宮) 내 경회루(慶會樓)에 연못이 조성되어 있다. 자하문 방향에서 불어오는 바람과 명당수(明堂水) 부족으로 경복궁 내에 습도가 낮고 수분이 부족하여 이를 보완하기 위한 비보풍수(裨補風水)의 흔적이다. 경회루 연못의 물은 평소에는 수분과 습도조절용으로, 화재 시에는 방화수로 사용되었다.

경회루 연못

14) 장승

장승은 마을의 입구 즉 수구(水口)에 세워진다. '장승백이' 라는 지명(地名)을 가진 곳의 위치를 확인하여 보면 산과 산을 연결해주는 고개에 있다. 산과 산 사이의 고개는 바람의 통로다. 따라서 장승은 바람이 불어 들어오는 길목을 지키며 마을을 수호할 수 있는 곳이 제자리이다. 장승도 비보풍수의 흔적임을 말해주고 있는 것이다.

아산 송악 장승   정읍 원백암 석장승

15) 조산(造山)

조산(造山)이란 인공적으로 만들어진 산을 말한다. 조산은 마을의 청룡과 백호의 끝자락이 서로 교차하지 못하여 물길의 꼬리가 보이는 파구(破口) 지점에 위치한다. 조산은 물길의 꼬리가 마을 안에서 보이지 않도록 가려주고, 마을로 들어오는 바람을 막아주어 마을의 생태환경을 지켜주는 역할을 담당한다. 돌로 탑처럼 쌓아 올린 돌무더기, 흙을 쌓아올린 흙무더기, 당산 묘 등이 조산(造山)의 일종이다.

진안 주천   임실 물구리

제3장 양택

3.1. 양택풍수(陽宅風水)

3.1.1. 양택풍수(陽宅風水)의 정의

사람이 살아가는 집[住宅], 집단 거주지인 아파트, 여러 개의 집이 모여 있는 마을, 중소도시, 도읍지, 경제 활동을 위한 회사 건물, 관공서 건물, 신앙생활을 위한 종교건물, 아름다운 풍경을 즐기며 쉴 수 있는 정자(亭子)나 누각(樓閣) 등을 양택풍수(陽宅風水) 또는 양기풍수(陽基風水)라 한다.

양택(陽宅)의 터를 정할 때 고려되어야 할 사항도 음택(陰宅)과 별반 다르지 않다. 음택은 산 능선위에 양택은 산 능선이 끝난 낮은 곳에 터를 정한다는 것이 다를뿐이다. 양택에서는 장풍(藏風)이 더 없이 중요하기 때문이다. 따라서 장풍에 문제가 있는 공간에서는 비보(裨補)를 하여 보완해야 한다.

다음으로는 명당수(明堂水)를 잘 살펴야 한다. 명당수의 경우 음택에서는 평상시에 물이 흐르지 않아도 크게 문제되지 않지만 양택에서는 식수와 생활용수의 확보차원에서 중요한 문제이다. 또 물의 양이 항상 일정해야 함도 중요하다. 집중호우 시 홍수의 재앙이 닥치거나, 가뭄 시 심각한 물 부족현상이 일어나면 살기에 불편하기 때문이다.

이와 같이 사람이 거주하기에 적합한 환경을 갖추었는지의 여부를 확인하여 터를 정하여야 한다.

『황제택경(黃帝宅經)』에 "땅이 좋으면 싹이 무성하게 자라듯이, 집

터가 좋으면 사람이 영화롭다."17)라는 말과 "무덤자리가 나쁘고 집
터가 좋으면 자손이 벼슬살이를 하고, 무덤자리는 좋으나 집터가 나
쁘면 자손들이 먹고 살기가 힘들고, 무덤자리와 집터가 모두 좋으면
자손이 영화를 누리며, 무덤자리와 집터가 모두 나쁘면 자손이 고향
을 떠나 유리걸식하다가 끝내 대가 끊긴다"18)라는 말이 있다.

좋은 터에 살면 사람이 건강하고, 여유 있게 잘 살아갈 수 있다는
뜻으로 양택의 중요함을 말하고 있다.

3.1.2. 풍수고전(風水古典)에서 말하는 양택의 조건

1) 지형지세(地形地勢)

『양택촬요(陽宅撮要)』 택법쇄금(宅法碎金)편에 "무덤자리에서는 산
능선을 살피고, 집터에서는 전후좌우 마주하는 산을 살펴야 한다. 좌
측으로는 산이 감싸 돌고, 우측으로 산이 감아 돌면서 수구를 막아야
한다."고 하여, 양택에서는 음택과 달리 내룡(來龍) 보다는 집터를 감
싸고 있는 사방의 산이 더 중요함을 말하고 있다.

『양택십서(陽宅十書)』에 "대문 앞에 안산, 조산이 평탄하거나(土
型), 원형인 산(金形)일 때 길하다."고 하여 집 앞에 있는 산이 부드
럽고 아름다운 모양이어야 좋음을 말하고 있다. 또 "사람이 거처 할
집에서는 그 내려오는 산 능선의 기세가 중요하다. 그러나 이러한 산
능선은 산척(山脊)이기도 하여 그 형세가 나쁠 때에는 흉하게 작용
한다. 그러니 산 능선이 쏘아 지르는 곳에는 살지 말라."고 하였다.
내룡(來龍)이 쏘아 지르는 모양은 그 집에 살고 있는 사람에게 좋지

---

17) 地善卽苗茂 宅吉卽人榮.
18) 墓凶吉宅子孫官祿, 墓吉宅凶子孫衣食不足, 墓宅俱吉子孫榮華, 墓宅俱凶子孫離
鄕絶種.

못하다는 뜻이다. 이 역시 내룡보다는 주변의 산들이 더 중요함을 말하고 있다.

한마디 맥(脈)이 쏘아 지르는 듯한 집터는 ?

양택(陽宅)이든 음택(陰宅)이든 맥(脈)을 받으면 좋은 터라고 생각한다. 그 것은 주산(主山)으로부터 공급되는 생기(生氣)를 전달 받을 수 있기 때문이다.

그러면 어떤 형국(形局)의 맥은 쏘아 지르고, 어떤 형국의 맥은 좋은 걸까?

판단 기준은 이렇다. 집으로 흘러 들어오는 맥에 무덤을 쓸 수 있으면 쏘아 지르는 맥이고, 무덤을 쓰지 못할 정도로 부드럽고 완만하면 좋은 맥이다. 무덤은 산 능선이 끝나기 직전의 맥 위 높은 곳에, 집터는 산 능선이 끝 난 다음 낮은 곳에 정하여야 한다는 논리가 이를 입증한다.

그러면, 맥이 쏘아 지르는 듯 하면 왜 나쁘다는 걸까?

집터를 정할 때 고려되어야 할 조건이 장풍(藏風)과 득수(得水)이다. 맥이 쏘아 지르는 모양이라면 분명 내룡과 청룡, 내룡과 백호 사이에 골이 깊게 졌다는 근거이다. 그 곳에 골이 졌다는 것은 바람의 영향으로 골이 만들어 졌고, 그 골로 바람이 불어오니 그 집터는 장풍이 되지 못한다는 근거다. 또 하나는 그 골에 물이 흐리게 되어 집터가 습하기 마련이다. 그래서 맥이 쏘아 지르는 듯하면 좋지 않은 집터라고 하는 것이다.

2) 집터

(1) 『산림경제(山林經濟)』에서 말하는 좋지 않은 집터

무릇 주택에 있어서, 탑이나 무덤, 절이나 사당, 그리고 신사(神祠)·사단(祀壇), 또는 대장간과 옛 군영(軍營)이나 전쟁터에는 살 곳이 못 되고, 큰 성문 입구와 옥문(獄門)을 마주보고 있는 곳은 살 곳이 못 되며, 네거리의 입구라든가 산등성이가 곧바로 다가오는 곳, 그리고 흐르는 물과 맞닿은 곳, 백천(百川)이 모여서 나가는 곳과 초목(草木)이 나지 않는 곳은 살 곳이 못 된다.[19]

(2) 『입택입식가(立宅入式歌)』에서 말하는 좋지 않은 집터[20]

① 폐허가 된 옛터

② 옛날 감옥 터

③ 옛날 전쟁 터

④ 옛날 무덤 터

⑤ 문 앞에 도로가 많은 곳

⑥ 물이 집 뒤를 치고 들어오는 곳

⑦ 명당에 햇빛이 비추지 않는 음지

⑧ 연못이나 늪지

---

[19] 凡宅, 不宜居塔塚寺廟祠社爐冶及故軍營戰地, 不宜居大城門口及對獄門處, 不宜居當衝口處, 山脊衝射處, 正當流水處, 百川口去處, 草木不生處.

[20] 廢址, 古監獄, 古戰場, 舊墳場, 門前道路多, 水從屋背沖射, 三陽不照的陰地, 蛟龍窟之地.

3) 집의 구조

(1) 『황제택경(黃帝宅經)』에서 말하는 오허(五虛)[21]

① 집은 크고 사람이 적은 것이 1허

② 대문은 크고 집이 작은 것이 2허

③ 담장이 불완전 한 것이 3허

④ 우물과 부엌이 제자리에 없는 것이 4허

⑤ 터는 넓고 집이 작은 것이 5허

(2) 『황제택경(黃帝宅經)』에서 말하는 오실(五實)[22]

① 집은 작은데 사람이 많은 것이 1실

② 집은 크고 대문이 작은 것이 2실

③ 담장이 완전한 것이 3실

④ 집은 작은데 가축을 많이 키우는 것이 4실

⑤ 집이 남동향인 것이 5실

3.1.3. 대지(垈地)의 조건

1) 안쪽으로 긴 사각형

(1) 대지의 형태는 가급적 도로변에서 안쪽으로 긴 사각형이어야 하며, 가로와 세로의 비율은 2:3 정도가 좋다. 그래야 정사각형의 공간이 많이 나오는 3:2 비율의 건물과 정사각형의 마당이 조성될 수 있기 때문이다. 풍수지리에서는 정사각형을 가장 이상적인 공간으로 여기는데, 정사각형에서는 원형 다음으로 공기의 흐름이 원활하기 때문이다. 공기의 흐름은 원형을 그리는데 정사각형에서는 남는 구

---

21) 宅大人少一虛　宅門大內小二虛　墻院不完三虛　井竈不處四虛宅地多屋小庭院廣 五虛

22) 宅小人多一實　宅大門小二實　墻院完全三實　宅小六畜多四實宅水溝東南流五實

석공간이 다른 모양에 비해 비교적 좁아서 실내 공기를 맑게 유지할
수 있는 장점이 있다.

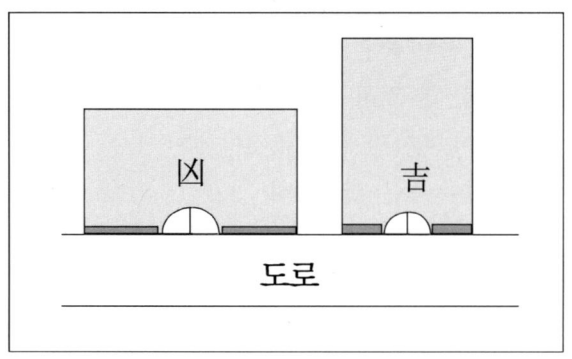

(2) 삼각형이나 사다리꼴처럼 한쪽 모서리가 뾰족하면 시각적으로
편안하지 못할뿐더러, 비뚤어진 공간에서는 공기의 흐름이 막혀 습
기가 많고 공기가 탁해 사람이 살기에 부적절하다. 또한 전체적인 공
기의 흐름에 일정한 규칙이 없어 사람이 적응하고 살기가 어렵다.

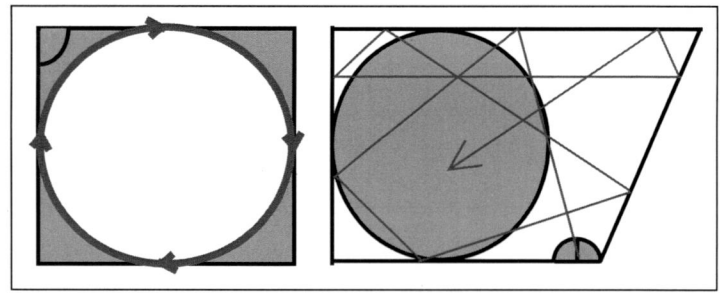

2) 물길과 도로는 환포

풍수지리에서는 물길[水路]과 도로(道路)를 같은 개념으로 본다.
물길을 통해서 물이 흘러가고 바람이 통과 하듯이, 도로에도 물처럼

차량이 이동하고 바람이 통과하며, 우천 시에는 물이 흐르게 된다. 이와 같이 물길과 도로는 공통점이 있다.

따라서 물길과 도로에 인접한 집터는 반드시 감싸주는 곳에 위치하여야 안전하고 평안하다. 만약 물길과 도로가 감싸주는 반대쪽 즉 공격을 받는 쪽에 위치하게 되면 달리는 차량이 시각적으로 위협을 가하는 것처럼 보이며, 집중호우 시 실제적으로 물의 공격을 받은 제방(堤防)이 무너져 수몰(水沒) 위험에 노출될 수 있다. 이러한 지형을 반궁수(反弓水)라고 한다.

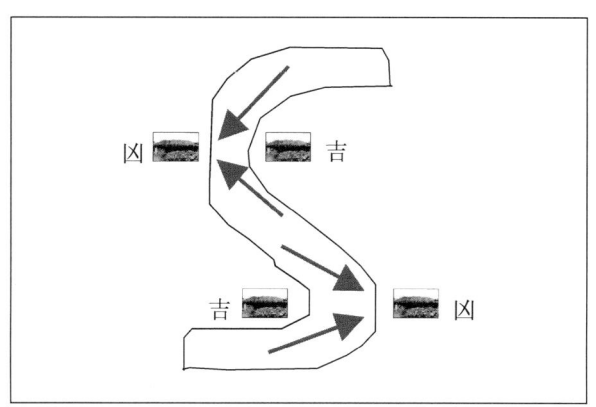

한마디 **집터가 반궁수(反弓水)에 해당하면?**

집터는 물길[水路]이나 도로(道路)가 활[弓]처럼 굽어 감싸주는 안쪽에 위치하면 좋은 것이고, 반대쪽에 위치하면 아주 좋지 않은 것으로 본다. 물길이든 도로이든 활모양의 반대쪽에 위치하는 터를 반궁수(反弓修)라 하며, 반궁수의 음택(陰宅)과 양택(陽宅)을 모두 꺼려하는데 그 이유는 다음과 같다.

① 물길[水路]

첫째, 집중호우 시 불어나는 물을 바라보며 언제 수해(水害)를 당할지 몰라 심리적으로 매우 불안하다.

둘째, 물의 계속된 공격으로 제방이 무너져 수몰(水沒)을 당할 수 있다.

셋째, 배수(排水)가 잘 되지 않아 평상시에는 습하고, 홍수 시에는 수몰될 수 있다.

넷째, 평상시에도 수분(水分)의 지나친 유입으로 건강이 나빠진다.

다섯째, 땅속에 물이 스며들어 생태환경이 나빠지거나 풍토병이 발생할 수 있다.

여섯째, 물길을 통하여 불어온 습한 바람이 마을의 전체적인 생활환경을 나쁘게 한다.

② 도로(道路)

첫째, 차량의 질주(疾走)로 인한 소음공해(騷音公害)에 시달린다.

둘째, 달리던 차량이 마을로 진입할지 모른다는 심리적인 불안감이 있다.

셋째, 야간(夜間)에 차량의 불빛 때문에 숙면(熟眠)을 취하는데 방해가 되어 건강이 나빠진다.

넷째, 도로 갓길에 있는 사람이 실제적으로 차량사고를 당할 위험이 있다.

다섯째, 도로를 통하여 불어온 바람이 건조한 환경을 만들어 사람은 건강이 나빠지고, 농작물은 성장장애를 받으며, 화재가 발생할 확률이 높아진다.

3) 도로나 골목의 끝집은 피한다

도로나 골목의 끝집은 그 곳을 통하여 불어오는 바람의 영향으로 건조하고, 피부에 와 닿는 공기의 압력이 달라 살기에 불편하다. 또한 통행하는 차량의 불빛 영향으로 숙면(熟眠)을 취하는데 방해가 될뿐더러, 차량의 공격을 받을까봐 심리적으로 불안하다. 이와 같이 도로나 골목의 끝집은 실질적으로 좋지 않은 영향을 직접 받을 수 있는 외부적인 요인과 심리적인 요인이 겹쳐져 좋은 집터가 되지 못한다.

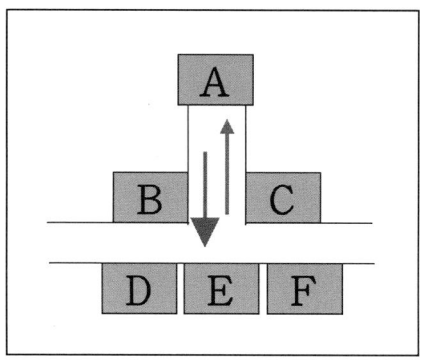

위 그림은 삼거리에 있는 집이다. 여기서 그림 E의 집이 얼듯 보기에 앞이 트여 살기에 편안할 것 같지만 실제적으로는 차량과 바람의 영향이 심각한 집이 된다.

3.1.4. 건물(建物)의 조건

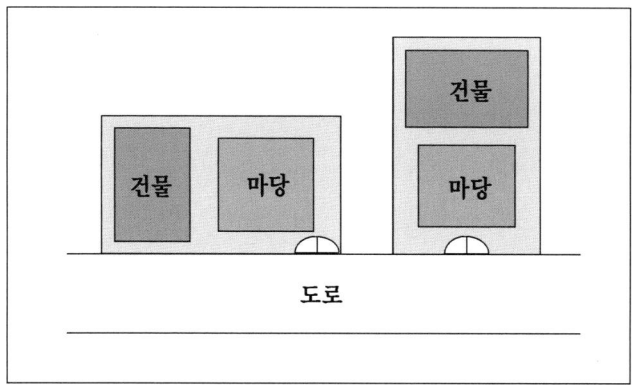

1) 건물(建物)은 대지(垈地)와 균형이 맞아야 한다

대지(垈地)와 건물(建物)은 서로 조화와 균형을 유지하여야 한다. 즉 대지의 면적에 적합한 건물의 면적이 확보되어야 한다.

2) 마당은 건물(建物) 앞에 위치한 정사각형 모양이 좋다

도로변에 인접한 건물의 경우 눈에 잘 띠는 도로 측에 건물을 배치하고, 마당이나 주차장은 도로 안쪽에 배치하는데 이것은 잘못된 구조이다. 마당이나 주차장의 공간은 명당(明堂)에 해당하므로 혈처 앞에 펼쳐져 있어야 한다. 그래야 명당에 생기(生氣)가 모여 혈처로 공급될 수 있기 때문이다.

한편 마당의 모양은 정사각형 모양이 이상적인데, 정사각형은 공기의 흐름이 원형으로 일어나도록 돕고, 공기 흐름 권에서 벗어나는 구석진 자리가 비교적 좁기 때문이다.

3) 건물(建物)과 담장 사이는 사람이 다닐 정도가 되어야 한다

담장은 건물과 사람이 통행을 할 수 있을 정도의 공간이 확보되어야 통풍을 통한 기의 순환이 이루어지며, 건물과 담장의 이상 유무 확인과 유지보수를 할 수 있다.

3.1.5. 양택(陽宅)의 3요소

1) 배산임수(背山臨水)

배산임수(背山臨水)란 '산을 등지고 물을 내려다 본다'는 말이다. 산을 등지게 되면 자연스럽게 앞이 낮은 지형이 되어 낮은 곳으로 흐르는 물을 내려다보게 된다. 그러나 풍수지리에서는 물길[水路]과 도로(道路)를 같은 개념으로 보기 때문에 집 앞에 있는 도로 또한 집

보다 낮은 곳에 위치하여야 함을 포함하고 있다.

『산림경제(山林經濟)』 복거(卜居) 편에 "앞이 높고 뒤가 낮으면 문호(門戶)가 끊기고 장유(長幼)가 혼미(昏迷) 해지며, 뒤가 높고 앞이 낮으면 우마(牛馬)가 번식하고 대대로 영웅호걸이 난다"고 하여 배산임수의 지형지세가 좋은 집터임을 말하고 있다.

산이 우리에게 가져다주는 이점은 다음과 같다.

첫째, 바람을 막아준다.

둘째, 인간이 살아가기에 적절한 온·습도를 유지해 준다.

셋째, 물(식수, 용수)을 공급해 준다.

넷째, 연료와 먹 거리를 제공해 준다.

(1) 집터는 산의 앞면에 위치해야 한다.

양택(陽宅)과 음택(陰宅) 모두 좋은 터가 되려면 혈처(穴處)를 전후좌우 사방(四方)에 있는 산이 둘러 감싸주어야 한다. 특히 청룡과 백호는 집의 담장과 같은 역할을 하기 때문에 혈처를 감싸 안으면서 굽어져야 하는데, 이런 형국이 되려면 청룡과 백호가 산의 앞면에서 출발하여야 가능하다. 어린아이를 안고 있는 어머니의 팔이 아이를 감싸 안을 수 있는 것과 마찬가지다. 산의 뒷면에서 나온 산줄기는 안으로 감싸 돌지 못하고 밖으로 펼쳐진다. 이와 같이 산에도 앞면[面]과 뒷면[背]이 있는데, 앞면에만 좋은 기(氣)가 모인다.

(2) 물길과 도로는 집터보다 낮아야 한다.

집 앞에 흐르는 물은 집터 보다 낮아야 집에서 배출되는 지표수와 생활하수 등의 배수가 원활하게 이루어진다. 또한 집터는 앞쪽이 낮아야 입체감이 있고, 햇볕이 잘 들며 통풍이 잘된다. 그러나 집 뒤를 가로지르는 도로나 물길은 없어야 한다. 그래야 집터의 온기가 유지되고 뒷산으로 부터 전달되는 지기(地氣)가 흐트러지지 않는다.

(3) 남향집이 좋다.

서출동류(西出東流)하는 터가 명당이라는 말이 있다. 물이 서쪽에서 흘러와서 동쪽으로 흘러나가야 한다는 것은 북서쪽의 지형이 상대적으로 높아야 함을 말하고 있다. 북서쪽에 산이 있다면 낭연히 집은 남동향 또는 남향을 하게 되어 겨울에는 차가운 북서풍을 막아주어 따뜻하게 살아 갈수가 있다. 남향집은 여름에는 시원하고 겨울에는 따뜻하며, 온도가 상대적으로 낮은 오전에 햇볕이 많이 들고, 온도가 높은 오후에는 햇볕이 적게 들어 살기에 좋은 집이 된다.

2) 전저후고(前低後高)

그 집의 가장(家長)이 거주하는 안방이 있는 건물은 높은 곳에 있고, 부속건물과 마당은 그 보다 낮은 곳에 위치하고, 대문은 더 낮은 곳에 있어, 전체적으로 건물이 입체적으로 배치되어야 함을 말한다.

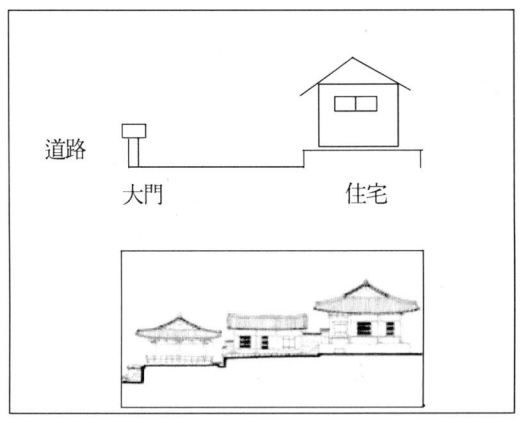

전저후고(前低後高)의 배치

3) 전착후관(前窄後寬)

그 집으로 통하는 대문은 좁고 마당은 넓게 펼쳐지는 구조를 말한다. 대문이나 현관문이 지나치게 크면 재물이 빠져나가고, 바람이 들어와 집안의 환경을 나쁘게 한다.

3.1.6. 아파트의 조건

1) 배산임수(背山臨水)

아파트도 산을 등지고 물을 내려다보는 지형에 위치하면서, 청룡과 백호가 단지(團地)를 감싸는 형국이어야 한다. 양택과 음택 모두 지형지세(地形地勢)를 살펴 지형이 높은 곳을 등지고 낮은 곳을 바라다보는 배치구조가 이상적임에도 남향집을 만들기 위하여 거꾸로 배치하는 경우가 많은데 좋지 않다.

2) 절개지(切開地)는 나쁘다

가급적 도심지역에서 가까운 곳에 자리를 정하다 보니 산을 자르고 아파트를 건설하는 경우가 많다. 이 경우 산에 상처를 내고, 상처 부위에 절벽이 만들어지고, 그 아래 아파트가 건설된다. 이 아파트는 해동기(解冬期)나 집중호우 시 절벽의 붕괴우려가 있어 불안감을 가져다준다. 이와 같이 불안감을 가져다주는 절개지에 건설된 아파트에 살지 않는 것이 좋으나 불가피 할 경우에는 절벽에서는 가급적 멀면서 절벽 보다는 높고, 산 정상보다는 낮은 층에 살면 그나마 났다.

3) 구도심(舊都心)에서 가까울수록 명당이다

요즈음 어느 도시를 막론하고 구도심(舊都心)은 텅 빈 느낌이다. 모든 사람들이 도심(都心) 변두리에 건설된 아파트에 모여 살기 때문이다. 그러나 어느 도시를 막론하고 명당(明堂)은 구도심이다. 옛날 그 터를 정할 때 풍수지리적인 조건을 고려하였기 때문이다. 그러나 아파트를 건설하는 회사는 부지확보가 용이하고, 건설비용이 적게 드는 변두리 나대지(裸垈地)를 선호하기 때문에 풍수지리 논리에 의한 실질적인 명당 터는 배제되는 입장이다.

4) 건물(建物)은 정사각형이 좋다

건물은 직사각형으로 긴 구조 보다는 정사각형의 형태인 타워형이 좋다.

5) 7층 이하가 좋다

우리나라에서는 나무가 자연스럽게 자랄 수 있는 최대 높이가 15~20m라고 한다. 따라서 지기(地氣)가 미칠 수 있는 높이 또한 나무 높이와 같다고 본다면 20m이하에 살아야 한다. 아파트 층고(層高)가 3m라고 한다면 최고 7층 이하에 살아야 지기를 받을 수 있다.

3.1.7. 주택(住宅)의 구조

1) 대문(大門)

대문(大門)은 그 집터에서 제일 낮은 곳에 위치하여야 하며, 집의 규모에 비해 작아야 한다. 또한 집 앞에 있는 도로는 대문보다 낮아야 하며, 대문 옆에 큰 나무가 있으면 좋지 않다.

2) 방(房)

방은 가급적 정사각형이 좋다. 안방은 가급적 집 중앙에 배치하고 가장(家長)이 거주하여야 한다. 아래층이 빈 공간이라면 그 위에 방을 배치하면 좋지 않다. 또한 집 중앙에 계단을 만들지 말아야 한다.

3) 부엌[竈]

부엌은 가족의 건강을 위하여 중요한 공간으로 출입구나 화장실 옆에 배치하면 좋지 않다. 햇빛이 잘 들고, 통풍이 잘 되는 위치에 배치한다.

4) 화장실

화장실은 통풍과 환기가 잘 되는 위치에 배치하되 집 중앙 또는 출입문과 마주보는 곳에 배치하면 좋지 않다.

5) 마당

마당은 정사각형 모양이 공기 순환이 잘되어 좋다. 마당에는 석등(石燈)이나 인물석(人物石), 큰 나무를 심지 말아야 하며, 연못이 있으면 좋지 않다. 마당은 집 앞에 한 개가 좋다.

6) 담장

담장은 집터에서 청룡과 백호의 역할을 하는 것으로 바람, 먼지, 도적의 침입, 소음과 차량의 불빛을 차단하는 효과가 있어 반드시 설치하여야 한다. 높이는 집터의 넓이와 건물의 높이에 균형과 조화를 이룰 정도가 적합하며, 지나치게 높으면 천옥(天獄)이 되어 좋지 않다.

3.1.8. 나무심기

『산림경제(山林經濟)』복거(卜居) 편에 "무릇 주택(住宅)에 있어서, 왼쪽에 흐르는 물과 오른편에 긴 길과 앞에 못, 뒤에 언덕이 없으면, 동쪽에는 복숭아나무와 버드나무를 심고, 남쪽에는 매화와 대추나무를 심으며, 서쪽에는 치자와 느릅나무를 심고, 북쪽에는 벗나무와 살구나무를 심으면 청룡(靑龍)·백호(白虎)·주작(朱雀)·현무(玄武)를 대신할 수 있다."고 하여 집터의 부족한 부분을 나무가 채워 줄 수 있음을 말하고 있다. 또한, "무릇 수목(樹木)이 집으로 향하면 길하고 집을 등지고 있으면 흉하다."고 하여 나무의 성장 상태를 보고 집이 좋은 터임을 알 수 있다는 것을 말하고 있다.

이와 같이 나무의 심는 위치와 수종(樹種), 나무의 높이와 크기를 잘 선정하면 집터에 이로움을 주고, 심는 위치와 수종을 잘 못 선정하면 해로움을 주기 때문에 나무를 심는 데 주의를 기울여야 한다.

1) 『산림경제(山林經濟)』의 수종(樹種)과 이로운 방위(方位)

(1) 주택(住宅) 동쪽에 버드나무를 심으면 말에게 유익하고, 주택 서쪽에 대추나무를 심으면 소에게 유익하며, 중문(中門)에 홰나무를 심으면 삼대(三代)가 부귀(富貴)하고, 주택 뒤에 느릅나무가 있으면 백귀(百鬼)가 감히 접근을 못한다.

(2) 주택(住宅) 서쪽 언덕에 대나무가 푸르면 재물이 불어난다.

(3) 문정(門庭)에 대추나무 두 그루가 있고 당(堂) 앞에 석류나무가 있으면 길하다.

2) 『산림경제(山林經濟)』의 수종(樹種)과 해로운 방위(方位)

(1) 주택(住宅) 동쪽에 살구나무가 있고 주택 서쪽에 버드나무가 있으면 흉하며, 주택 서쪽에 복숭아나무가 있고 주택 북쪽에 오얏나무가 있으면 음사(淫邪)하다.

(2) 우물 두둑에 복숭아나무를 심어서는 안 된다.

(3) 문 밖에 버드나무가 늘어져 있는 것은 좋은 상서가 아니며, 큰 나무가 문 앞을 막고 있으면 집주인이 전염병에 걸린다.

3) 집안에 있는 큰 나무의 문제

『산림경제(山林經濟)』에 "큰 나무가 마루 앞에 있으면 질병이 끊이지 않는다. 뜰 가운데에 나무를 심는 것은 좋지 않다."고 하여 집 안에 큰 나무가 있거나, 건물 가까이에 나무가 있으면 좋지 않으니 주의하여야 함을 말하고 있다. 집안에 심는 나무는 그 높이가 처마이 상 올라가지 않도록 하고, 건물과는 가급적 멀리 떨어져 심어야 한 다. 큰 나무가 주는 영향을 정리하여 보면, 뿌리가 건물의 지반을 약 하게 하고, 그늘로 인한 일사량이 부족하게 되며, 통풍에 영향을 주 고, 나무에 사는 해충의 영향이 있으며, 낙엽이 건물을 상하게 한다.

4) 집안에 심을 수 있는 나무

소나무, 매화, 대나무, 동백, 소철, 유자, 목련, 단풍, 석류, 회양목 과 모란, 작약, 철쭉 등 이다.

한마디　가장 좋은 상가 터는 ?

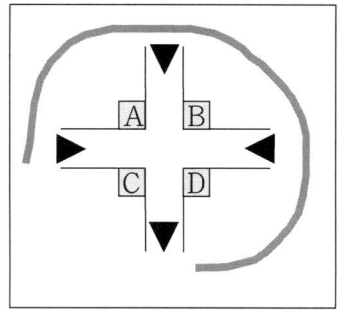

영업(營業) 장소를 물색하기 위해서는 건물이 인접한 도로를 이용 하는 인구수(人口數)가 얼마나 되느냐를 확인한다. 이것을 상권분석 (商圈分析)이라고 하는데 풍수지리 논리와 같은 결과를 도출해낸다.

풍수지리에서는 물이 모여드는 곳에 지기(地氣)가 뭉치고, 재물(財 物)이 모여든다고 본다. 이와 같이 재물이 모여들만한 장소에는 유동

인구(流動人口)가 많다는 것이 같은 결론이다.

이러한 곳으로 네거리 구석에 있는 건물을 가장 선호를 하는데 이유는 접근이 쉽고, 지나가는 사람들의 눈에 쉽게 띠기 때문이다. 그렇다고 하여 네거리 모두가 영업수익이 높은 것은 아니다. 네거리 중에서도 물이 사방(四方)에서 모여 흘러나가는 도로변 중 배산임수(背山臨水)에 혈장(穴場)이 평평한 곳이 으뜸이다(그림에서 D).

풍수지리에서의 명당(明堂)이란 균형과 조화를 이룬 곳을 말하는데, 그림에서와 같이 물이 한쪽 도로변으로 모인다는 것은 나머지 삼면(三面)의 뒤 쪽에는 산이 있거나 산줄기가 감싸주고 있다는 결론이다. 양택과 음택 모두에서 장풍(藏風)을 으뜸으로 고려한다는 점을 감안한다면 당연한 결과이다.

풍수지리를 어설프게 공부하신 분들은 양택이나 음택 앞에 물이 고여 있는 것을 모두 좋은 현상으로 여긴다. 이것은 지형지세(地形地勢)를 제대로 살피지 않고 편협(偏狹)된 사고로 단정 짓기 때문이다. 물은 항상 사방(四方)에서 흘러와 모이는 지형이 균형과 조화를 이루어 좋은 터가 된다. 한쪽 골짜기에서만 물이 흘러온다는 것은 그 방향에 있는 산이 크기 때문에 골짜기가 깊다는 결론이다. 그런 터는 균형과 조화를 이루지 못하기 때문에 좋은 터로서의 조건을 충족시키지 못한다.

3.2. 동사택서사택(東四宅西四宅)

3.2.1. 동사택서사택(東四宅西四宅)

양택(陽宅)의 삼요(三要)인 대문(門), 안방(主), 부엌(竈)이 같은 방위(方位)의 기(氣)를 받을 수 있도록 위치를 결정하는 것을 동사택서사택(東四宅西四宅)이라 한다.

즉, 대문이 동쪽 기운을 받는 방위에 위치하였다면 안방과 부엌도 동쪽 기운을 받는 위치에 있어야 좋다는 논리(論理)이다. 안방이 서쪽 기운을 받는 곳에 있다면 대문과 부엌도 서쪽 기운을 받는 곳에 있어야 한다는 것이다.

동사택(東四宅) 기운을 가진 집에서는 남자, 명예, 벼슬, 관직 등 귀(貴)의 발복이 크고, 서사택(西四宅)의 기운을 가진 집은 여자, 재물 등 부(富)의 발복이 크다고 한다.

이와 같이 집터의 좋고 나쁨을 추측하는 동사택서사택 논리는 방위가 가지고 있는 음양오행(陰陽五行)의 특성을 상생상극(相生相剋) 논리를 적용하여 상생(相生)의 관계이면 좋고, 상극(相剋)의 관계이면 좋지 않다는 이기론(理氣論) 풍수이다.

3.2.2. 동사택서사택(東四宅西四宅) 이론

동사택서사택(東四宅西四宅)에서는 8방위(方位)를 활용한다. 24방위를 3개씩 묶은 45°가 1방위가 담당하는 방위각(方位角)이 된다.

이와 같이 사방(四方)을 8개 방위로 나누어 동[震], 남동[巽], 북[坎], 남[離]의 4개 방위는 동쪽 기운을 가진 동사택(東四宅)의 방위라 하고, 서[兌], 남서[坤], 북서[乾], 북동[艮]의 4개 방위는 서쪽의 기운을 가진 서사택(西四宅)의 방위라고 한다.

양택(陽宅)의 삼요(三要)인 대문(門), 안방(主), 부엌(竈)이 동사택 또는 서사택의 방위에 모두 배치되어야 좋은 기운을 가진 집으로 간주한다는 것이 동사택서사택의 논리이다.

아파트의 경우는 현관문을 대문으로 보고, 가장이 사용하는 제일 큰 방을 안방으로 본다.

동사택서사택의 방위별 특징은 다음 표와 같다.

四宅	八卦	24方位	方位	五行	陰陽
東四宅	震, ☳	甲卯乙	東	木	長男
	巽, ☴	辰巽巳	南東	木	長女
	坎, ☵	壬子癸	北	水	中男
	離, ☲	丙午丁	南	火	中女
西四宅	兌, ☱	庚酉辛	西	金	三女
	乾, ☰	戌乾亥	北西	金	父
	坤, ☷	未坤申	南西	土	母
	艮, ☶	丑艮寅	北東	土	三男

1) 동사택서사택(東四宅西四宅) 표기방법

방위(方位)를 동사택서사택으로 나타내는 요령은 대문을 문(門)으로, 안방을 주(主)로 표기하며, 대문을 앞에 표기하고, 안방은 뒤에 표기한다. 방위는 8괘의 명칭으로 표기하되 대문과 안방 앞에 붙여 부른다.

예를 들어 대문이 남동쪽에 있고, 안방이 북쪽에 있다면 '손문감주(巽門坎主)'라고 표기하여야 한다. 다시 말하면 '곤문건주(坤門乾主)'의 집은 대문이 남서쪽에 있고, 안방은 북서쪽에 있다는 말이다.

한마디 안방[主]이 한쪽에 치우쳐 있는 경우는 ?

동사택서사택에서 대문과 안방의 방위를 'O門O主'으로 표기하는데, 안방이 있는 방위(方位)를 무조건 주(主)로 표기하는 것인지 궁금한 경우가 있다.

결론부터 말하면 주(主)는 안방의 방위를 포함하는 경우도 있지만, 실제적으로는 '건물의 중심축'의 뒤쪽 방위를 나타낸다. 한옥(韓屋)에서는 안방이 대개 건물의 가운데에 있다. 그래서 안방의 방위를 주(主)로 표기하여도 동사택서사택의 방위에 전혀 문제가 되지 않는다. 그렇지만 현대 건축 양식에서는 안방이 건물의 가운데에 없는 경우가 많다. 이런 경우는 건물의 중심축 뒤쪽이 주(主)의 방위가 되는 것이다.

즉 모든 건물을 동사택서사택으로 표기 할 때, 주(主)의 방위는 '건물의 중심축'의 뒤쪽 방위를 말한다. 아래 '라경의 고정위치'에서 실례를 들어 설명하기로 한다.

2) 라경(羅經, 佩鐵)의 고정위치

동사택서사택(東四宅西四宅)에서는 대문[門]과 안방[主], 부엌[竈]을 같은 사택권(四宅圈)에 배치(配置)되는 것을 가장 중요시한다. 따라서 대문과 안방 그리고 부엌을 같은 사택권(四宅圈)에 배치하기 위해서는 방위를 정확하게 측정하여야 한다. 방위 측정 전에 라경(羅經, 佩鐵)을 어느 위치에 놓아야 하는지 또한 더 없이 중요한 작업이다. 라경의 고정 위치가 잘못되면 대문과 안방, 그리고 부엌을 같은 사택권(四宅圈)에 배치 할 수가 없기 때문이다.

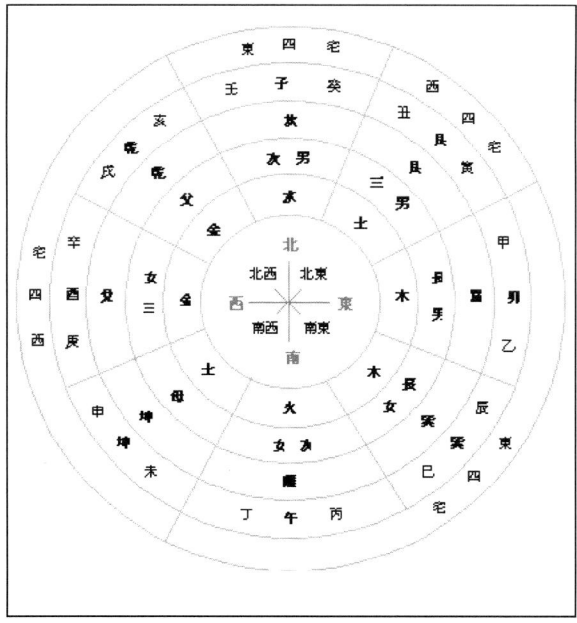

동사택서사택 라경도

(1) 단독주택(單獨住宅)

단독주택에서 라경(羅經, 佩鐵)의 고정위치는 건물과 마당의 넓이에 따라 달라진다. 마당이 정사각형일 때 마당의 중심에 고정하고, 마당이 직사각형이나 다각형 모양 일 때 대지의 중심에 라경을 놓는다. 또한 마당이 건물 면적보다 지나치게 넓거나. 지나치게 작을 때는 마당이 없는 것으로 보고 대지의 중심에 놓는다.

대지의 중심이 건물 내부일 경우에는 라경을 건물 밖 마당 즉 건물 처마 끝부분에 라경을 놓고 측정한다.

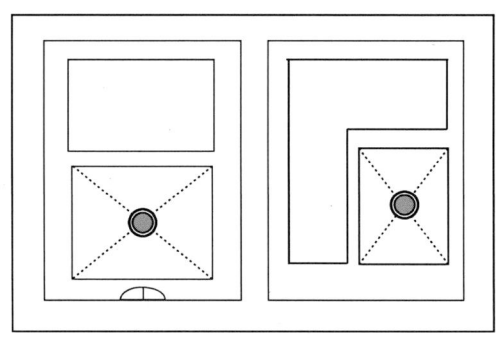

마당이 정사각형인 경우

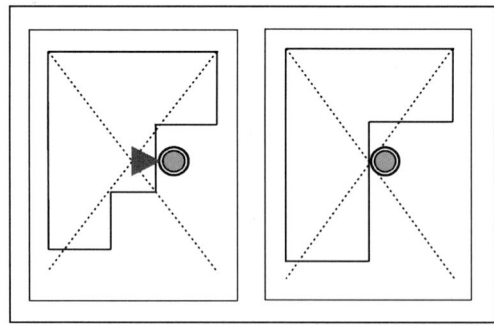

마당이 정사각형인 아닌 경우

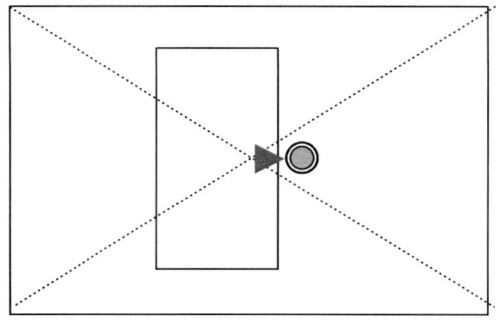

마당이 앞뒤에 있는 경우

(2) 공동주택(共同住宅, 아파트)

아파트의 경우는 각 가정에서 사용하는 공간의 중심에 라경을 놓고 측정한다. 아파트에서는 가장 넓은 방을 안방[主]으로, 자기 집에서 밖으로 통하는 출입문을 대문[門]으로 간주하여 동사택서사택 논리를 적용한다.

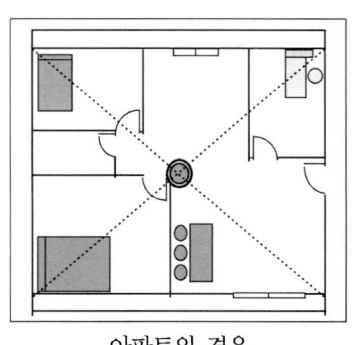

아파트의 경우

(3) 상가(商街)와 사무실(事務室)

상가(商街)나 사무실(事務室)의 경우는 해당 공간의 중심에 라경을 놓고 측정한다. 사무실로 통하는 출입문을 대문[門]으로, 그 공간에서 가장 높은 사람의 책상이 있는 곳을 주(主)로 간주하여 동사택서사택 논리를 적용한다. 또한 여러 사무실을 사용하는 건물에서는 공동주택의 경우를 적용한다.

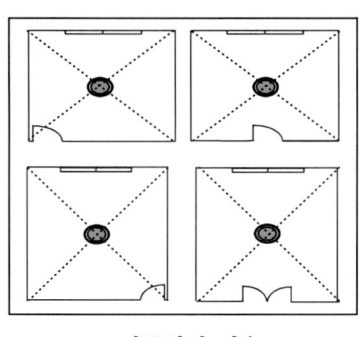

사무실의 경우

3.2.3. 방위별 길흉화복

1) 동사택(東四宅)

(1) 감문(坎門)

① 감주(坎主): 처음에는 크게 발복하나 오래되면 곧 가족 간에 불화한다.

② 간주(艮主): 질병이 끊이지 않고 재앙이 닥쳐 모든 일이 풀리지 않아 끝내는 가정이 파탄난다.

③ 진주(震主): 장성(長成)한 남자가 왕성하여 공을 세워 이름이 널리 알려지는 출세를 하나 오래되면 고아와 홀어미가 난다.

④ 손주(巽主): 다섯 아들이 과거에 급제하여 재물과 명예를 얻는 제일 좋은 집이다.

⑤ 리주(離主): 재물과 명예를 얻는 등 생업이 크게 왕성하나 오래되면 아내와 불화한다.

⑥ 곤주(坤主): 복통과 성병[瘡疾]으로 남녀가 일찍 죽거나 홀어미
가 난다.

⑦ 태주(兌主): 여자가 일찍 죽어 여러 번 장가를 들고도 첩(妾)을
두며, 재물마저도 흩어지는 가정파탄이 있다.

⑧ 건주(乾主): 음란(淫亂)한 자가 나며, 재산이 흩어져 가난이 이
어진다.

(2) 진문(震門)

① 감주(坎主): 처음에는 아주 좋으나 나중에는 아내가 앓아눕고
아들과는 불화한다.

② 간주(艮主): 풍질(風疾)과 비위(脾胃)를 앓는 병으로 남녀가 일
찍 죽는다.

③ 진주(震主): 처음에는 재물이 크게 늘어나는 발복이 있으나 아
내는 일찍 죽고 남자는 왕성하지를 못한다.

④ 손주(巽主): 과거 급제에 제일 좋으며, 크게 발복하여 재물과
명예를 얻어 이름이 널리 알려지는 출세를 한다.

⑤ 리주(離主): 다섯 아들이 과거에 급제하며, 부부간에 사이가 좋
아 가계(家計)가 크게 번창하여 영화롭다.

⑥ 곤주(坤主): 두통과 비위(脾胃)에 질병을 앓고, 남자와 재물모두
온전하지를 못한다.

⑦ 태주(兌主): 남자와 재물 모두 온전하지 못하고, 허리와 다리,
심장과 배가 아프다.

⑧ 건주(乾主): 죽임을 당하거나 관재구설에 시달려 훌륭한 노인이
줄어들고 가정이 오래가지 못한다.

(3) 손문(巽門)

① 감주(坎主): 다섯 아들이 과거에 급제하며, 남녀가 공히 준수한

제일 좋은 집이다.

② 간주(艮主): 3대에 걸쳐 홀어미가 나며, 어린아이가 죽어 양자 (養子)로 대(代)를 이어간다.

③ 진주(震主): 공을 세워 이름을 알리는 빌복이 빨라 수재(秀才) 가 출가하면 장원급제하여 돌아온다.

④ 손주(巽主): 처음에는 재물이 급격하게 늘어나나 아내가 일찍 죽으며 남자도 왕성하지 못한다.

⑤ 리주(離主): 명예와 행복을 가져다주는 발복이 있으며, 여자들 은 준수하나 남자는 일찍 죽는다.

⑥ 곤주(坤主): 나쁜 일이 아주 빨리 일어나며, 관재구설이 있어 홀어머니가 집안일을 주관한다.

⑦ 태주(兌主): 여자들이 불화하며, 근육과 뼈가 쑤시고 아픈 통증 에 시달리며, 양자(養子)로 대(代)를 이어간다.

⑧ 건주(乾主): 여자들이 출산하다가 죽거나 생리통 또는 허리와 다리, 심장병과 복통에 시달리다 일찍 죽는다.

(4) 리문(離門)

① 감주(坎主): 복록(福祿)이 오래도록 지속되고 사람도 장수(長壽) 하며, 자손이 집안에 가득하니 아주 좋은 집이다.

② 간주(艮主): 간간이 재물의 발복이 있으며, 여자가 남자의 권리 를 빼앗으니 집안이 화목하지 못한다.

③ 진주(震主): 수재(秀才)가 출가 장원급제하여 큰 벼슬을 하게 되며, 아울러 큰 부자가 된다.

④ 손주(巽主): 처음에 발복하여 명예와 재물을 함께 얻는다. 의로 운 아들이 집안일을 주관한다.

⑤ 리주(離主): 처음에 재물의 발복이 있으나 남자가 왕성하지를 못하여 오래가면 홀어미가 집안에 있게 된다.

⑥ 곤주(坤主): 남자가 왕성하지를 못하고 일찍 죽어 여자가 집안
을 지킨다.

⑦ 태주(兌主): 아내와 사이가 나빠지고, 재산이 흩어져 가난이 지
속되며, 단명(短命) 한다.

⑧ 건주(乾主): 재물이 흩어져 가난이 지속되며, 딸은 많고 아들이
적다.

2) 서사택(西四宅)

(1) 건문(乾門)

① 감주(坎主): 처음에는 재물이 늘어나는 발복이 있으나 오래되면
재산을 탕진하여 망하게 된다.

② 간주(艮主): 재물과 더불어 명예의 발복이 있고, 장수(長壽)하
며, 성장한 남자는 어질고 여자는 의롭다.

③ 진주(震主): 나쁜 일이 아주 빠르게 나타나며, 아주 좋지 않은
집이다.

④ 손주(巽主): 간간이 재물의 발복이 있으나 오래되면, 곧 결혼한
여자가 죽는다.

⑤ 리주(離主): 재산이 흩어지며, 단명(短命)하여 홀어미 혼자 집에
거주한다.

⑥ 곤주(坤主): 남녀 모두 장수(長壽)하며, 부부 사이가 좋아 재물
과 명예의 번창이 있어 영화롭게 되는 아주 좋은 집이다.

⑦ 태주(兌主): 처음에는 발복이 크고 장수(長壽)하나 오래되면 곧
첩(妾)을 두게 된다.

⑧ 건주(乾主): 처음에는 재물의 발복이 있으나 오래되면 가난이
이어진다.

150

(2) 곤문(坤門)

① 감주(坎主): 심장과 복부에 통증이 있어 일찍 죽으니 홀어미 혼자 집에 거주하게 된다. 재물도 점차로 줄어든다.

② 간주(艮主): 생산도 점차로 늘어나며, 모든 가축이 왕성하게 잘 자라고, 자손이 집안에 가득한 좋은 집이다.

③ 진주(震主): 장성한 남자가 다치고 재물의 손실이 있으며, 두통과 비위(脾胃)의 질병을 앓는다.

④ 손주(巽主): 남자가 단명(短命)하여 집안이 파산되고, 가난이 이어진다.

⑤ 리주(離主): 남자가 단명(短命)하여 여자가 집안일을 주관하니 집안이 난잡하여 오래가지 못한다.

⑥ 곤주(坤主): 생산이 점차로 늘어나며, 처음에는 운이 좋아지는 발복이 있다.

⑦ 태주(兌主): 처음에는 발복이 있으나 오래되면 남자는 단명(短命)하고, 여자가 집안일을 주관하게 된다.

⑧ 건주(乾主): 남녀 모두 장수(長壽)하며, 부부 사이가 좋아 재물과 명예의 번창이 있어 영화롭게 된다.

(3) 간문(艮門)

① 감주(坎主): 관재구설에 시달리며, 재산이 흩어져 망하게 된다. 형제간에도 불화한다.

② 간주(艮主): 처음에는 재물이 늘어나는 발복이 있으나 오래되면 곧 좋은 기(氣)가 쇠하여 아내와 사이가 나빠지고, 아들이 다친다.

③ 진주(震主): 가정이 화목하지 못하고 재산이 흩어져 가난이 이어지며, 두통과 비위(脾胃)에 질병이 생긴다.

④ 손주(巽主): 어린 아이들이 성장하지를 못하고, 위장병과 풍질(風疾)이 있으며, 홀어머니가 아들을 돌보게 된다.

⑤ 리주(離主): 남자는 약하고, 여자는 사나워 가족이 화목하지 못한다.

⑥ 곤주(坤主): 가계(家計)가 흥하고 번창하며, 공을 세워 이름이 널리 알려진다.

⑦ 태주(兌主): 금성(金星)이 궁전이 되는 좋은 집이다.

⑧ 건주(乾主): 가족구성원이 착하고 아름답고, 재물과 명예가 따르는 좋은 집이다.

(4) 태문(兌門)

① 감주(坎主): 수익이 없어 파산하게 되고, 어린 여자아이가 죽게 되며, 오래되면 결국 절손(絶孫)까지 한다.

② 간주(艮主): 똑똑한 여자가 남자를 순수하게 따르고, 가정이 온화하고 순량하여 비단이 연이어 진 것과 같다.

③ 진주(震主): 절손(絶孫)이 이어져 홀어미만 집에 거주하게 되며, 가정도 화목하지 못하고, 결국은 수익마저도 없는 집이 된다.

④ 손주(巽主): 가장(家長)은 죽고 장성한 남자는 다치며, 재물마저도 없어진다.

⑤ 리주(離主): 아내가 남편의 권리를 **빼앗아** 남자는 단명(短命)한다. 도깨비가 난리를 꾸미는 집이다.

⑥ 곤주(坤主): 가계(家計)가 흥하고 커지며, 여자는 많고 남자는 적으며, 처음은 좋으나 나중에는 나쁘다.

⑦ 태주(兌主): 처음에는 재물이 늘어나나 남자가 단명(短命)하여 장성한 남자가 드물다.

⑧ 건주(乾主): 생산이 점차로 늘어나며, 장성한 사람은 흥하고 왕성하나 홀어미가 많다.

3.3. 인테리어풍수

3.3.1. 인테리어풍수의 정의

양택(陽宅)의 주변 환경과 실내 환경을 풍수지리 논리에 맞게 즉 신체적 정신적으로 건강하고, 평안하게 지낼 수 있도록 관리하고, 가꾸는 것을 인테리어풍수라 한다. 양택의 각 공간을 그 용도에 적합한 일조량(日照量)을 얻을 수 있는 방위에 배치하고, 실내 공기의 흐름을 원활하게 유지하기 위한 출입문과 창문의 위치 선정, 가구의 배치, 시각적 안정감을 가져다주기 위한 색상의 선택, 실내에 활기를 불어 넣기 위한 장식 등을 그 집안에 거주하는 사람을 중심으로 선택하고 배치하여야 한다는 논리이다.

인테리어풍수에는 두 가지 논리가 활용되고 있다. 하나는 형세론(形勢論)이고, 다른 하나는 음양오행(陰陽五行)의 상생상극(相生相剋) 논리를 적용한 이기론(理氣論)이다. 이 두 가지의 논리도 양택이나 음택에서와 같이 형세론 위주로 적용한 다음 이기론은 추가로 활용하면 된다. 풍수지리 논리는 항상 형세론 위주로 적용하여야 올바른 방법임을 다시 강조한다.

3.3.2. 가족의 건강을 지켜주는 가구배치(家具配置)

실내 공간에서 가구배치(家具配置)는 가구의 용도에 맞는 고유의 위치가 있기 마련이다. 휴식을 취하고 잠을 자는 침대와 공부를 하는 책상, 옷가지 등을 보관하는 옷장의 위치가 같을 수는 없다. 각 가구별 고유의 위치를 찾아 배치하여야 가구의 용도나 남은 실내공간을 효과적으로 활용할 수 있는 것이다.

1) 책상배치(冊床配置)

책상의 용도는 공부를 하기위한 것과 업무를 보기 위한 두 가지가 있다. 어느 용도이든 위치 선정을 제대로 하여야 그 효과를 배가 시킬 수 있는 것이다. 책상의 배치 요령은 다음과 같다.

첫째, 벽을 등지고 앉도록 배치한다. 출입문을 등지고 앉으면 출입 하는 사람을 확인할 수가 없을 뿐더러, 오히려 본인이 감시당하고 있 다는 생각을 떨쳐 버릴 수 없어 심리적으로 불안하다. 또한 가정에서 자녀의 책상은 대부분 벽을 쳐다보도록 배치되어 있는데, 벽을 등지 는 배치를 하라면 꺼려하는 경우가 있다. 이것은 방 공간을 넓게 확 보하려는 고정관념의 영향이다. 자녀에게 벽을 등지고 며칠만 앉아 보고 불편하면 본래대로 바꿔 주겠다고 이해를 시키면 된다. 벽을 등 지는 위치가 심리적으로 편안할뿐더러, 배산임수(背山臨水)의 효과가 있다. 또한 밤늦게까지 공부를 하는 자녀에게 간식(間食)을 가져다주 는 부모와 신뢰가 쌓여 가게 된다.

둘째, 실내공간을 지배할 수 있는 위치에 배치하여야한다. 항상 실 내에 있는 사람의 움직임을 고개를 돌리지 않고도 확인할 수 있어야 심리적으로 편안하고, 실내 분위기를 장악할 수 있어 효과적이다.

셋째, 출입문과 창문이 일직선이 되는 곳은 피한다. 이 위치는 바 람의 통로로 바람을 계속 맞으면 온도와 습도가 일정하지 않고, 피부 에 와 닿는 기압이 달라 건강을 잃을 수 있어 가장 위험한 배치가 된다. 특히 내성적이고 스트레스가 심한 사람에게는 치명적일 수 있 으며, 업무량 과다 시 건강에 문제가 생길 수 있다.

넷째, 창문을 등지거나 옆에 배치하면 안 된다. 사무실에서 복도 측 창문을 등지게 되면 통로로 지나가는 모든 사람이 자신을 바라본 다는 심리적 부담감은 더해지고 집중력은 저하된다. 특히 서쪽 창문 을 등지게 되면 오후에는 강렬한 햇볕 때문에 집중력이 떨어 질 뿐더러, 건강을 잃을 수도 있다. 불가피 하게 창문을 등지고 앉게 되면 작은 책꽂이나 화분 등으로 비보(裨補)를 하여야 한다. 아파트에서 자녀의 책상을 베란다 측에 배치할 경우에는 책장으로 가리면 된다.

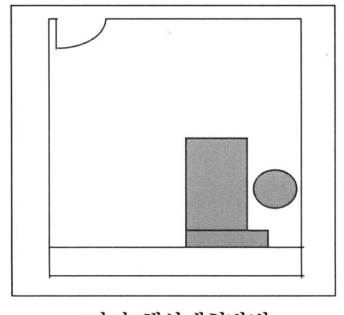
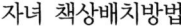
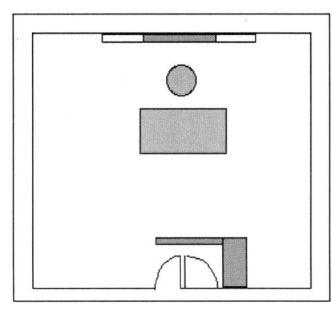

자녀 책상배치방법　　　　　사무실 책상배치와 비보방법

2) 침대배치(寢臺配置)

침대란 지친 몸의 회복을 위하여 편안하게 쉬거나, 내일을 위하여 잠을 자는 곳이다. 하루 24시간 중 1/3인 8시간 정도 잠을 잔다고 가정하면 중요하지 않을 수 없다. 침대의 위치에 따라 방안 공기의 흐름이 달라져 방안의 온습도에 영향을 주게 되며, 위치에 따라 심리적인 안정감에 영향을 미쳐 정신적, 신체적인 건강도가 달라지게 된다. 이상적인 침대배치 요령은 다음과 같다.

첫째, 출입문과 대각선 방향에 배치한다. 출입문과 대각선 방향에 침대를 배치하게 되면 출입문으로부터 사람과 함께 들어오는 바람의 영향을 덜 받게 된다. 방밖에서 들어오는 바람은 방안의 온도 변화를 가져오기 때문에 잠을 자고 있는 사람에게 직접적인 영향을 미친다. 또한 대각선 방향에 침대가 있다면 출입하는 사람의 시야에서는 멀어지고 침대에 있는 사람은 출입하는 사람의 움직임을 먼저 확인할 수 있어 심리적으로 안정된 위치가 된다. 이때 출입문과 대각선 방향에 침대를 배치 할 수 없을 경우에는 거울을 통하여 출입문을 바라볼 수 있는 비보(裨補) 방법이 있다.

둘째, 벽면에서 30Cm이상 떨어지게 배치한다. 침대를 벽면에 직접 닿게 배치하면 시멘트벽으로부터 나오는 좋지 않은 환경 물질에 직접적인 피부 접촉이 일어날 수 있고, 차가운 벽에 피부 접촉이 생기면 숙면(熟眠)에 방해가 된다. 다음은 방안의 먼지 문제다. 청소를 자주하더라도 벽과 침대사이에는 먼지가 쌓이게 마련이다. 이 먼지가 유해함은 말할 필요도 없다. 침대와 벽 사이를 띄어 놓으면 침대 아래에 쌓여 있는 먼지를 손쉽게 제거할 수 있어 항상 청결한 환경을 유지 할 수가 있다. 또한 어린아이가 있는 집에서는 침대와 벽 사이 간격을 충분히 띄워야 안전사고 방지에도 도움이 된다.

셋째, 머리가 창문에 지나치게 근접하지 않도록 배치한다. 창문에 머리가 근접하게 되면 창문을 통해 들어오는 바람과 벽면과는 다르게 창문은 단열(斷熱) 효과가 떨어져 온도 차이를 심하게 느낄 수 있다. 이런 현상 때문에 창문에 머리가 근접하게 되면 건강에 이상이 생길 수 있다. 이러한 현상을 방지하기 위하여 목재 침대를 사용하되 머리 부분에 있는 판이 높은 것을 사용하면 효과가 있다. 또 다른 방법으로는 침대와 창문사이에 거울 또는 조그마한 가구로 비보(裨補)를 하면 된다.

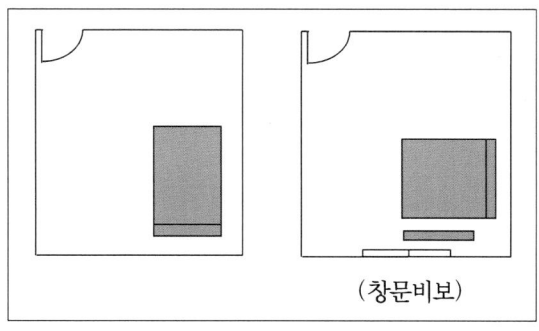

(창문비보)

침대 배치 방법

아래 그림은 불가피하게 침대를 구석에 배치하여야 할 경우 거울을 통하여 출입문을 바라볼 수 있는 비보(裨補)를 한 침대배치 방법이다.

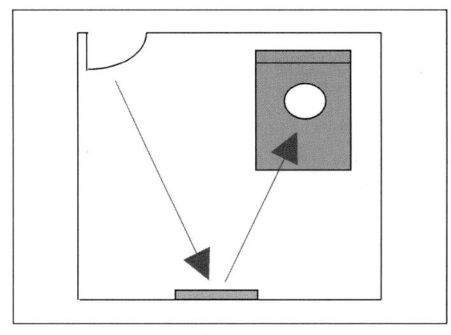

거울을 이용한 비보방법

3) 쇼파배치

거실은 가족구성원이 한 자리에 모여 자연스럽게 대화가 이루어지는 공간이다. 따라서 가족구성원 간에 좋은 분위기를 만들기 위하여 거실의 쇼파배치는 중요하다. 거실에 머물고 싶은 마음, 어른들과 편안하게 대화를 할 수 있는 위치 선정, 항상 상쾌한 분위기가 연출될 수 있는 배치방법을 필요로 한 것이다.

쇼파의 위치에 따라 전반적인 분위가 달라질 수도 있지만, 공기의 흐름과도 밀접한 연관성이 있다. 위치에 따라 공기의 유입과 흐름에 절대적으로 영향을 미치기 때문이다. 쇼파를 배치하는 방법은 다음과 같다.

첫째, 거실 공간을 지배할 수 있는 위치에 배치한다. 외부인이 현관문을 통하여 집안으로 들어오면 가장(家長)이 쉽게 그 사람의 모습을 바라볼 수 있는 위치에 앉아 있어야 하며, 거실 전체를 둘러볼 수 있는 위치에 쇼파가 배치되어야 한다.

둘째, 벽을 등지는 위치에 배치한다. 벽을 등진다는 것은 배산임수(背山臨水)의 효과가 있음은 앞에서 설명한바 있다. 거실 중앙에 쇼파를 배치하게 되면 사람과 바람이 쇼파 사방(四方)으로 움직여 기(氣)가 집중되지 못한다.

셋째, 현관문과 마주보는 위치나 바로 옆은 좋지 않다. 집안의 온도 와 차이가 심한 외부 공기의 영향을 직접 받지 않기 위해서다.

넷째, 창문을 등지거나 바로 옆은 좋지 않다. 환기를 시킬 때 장애가 되며, 외부공기 또는 햇볕을 직접 받을 수 있는 위치로 좋지 않다.

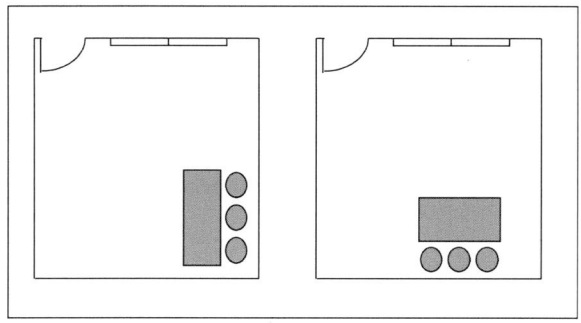

쇼파배치방법

3.3.3. 인테리어풍수의 기본원칙

1) 청소를 깨끗하게 한다

집안은 항상 청결해야 기분도 좋고 건강에도 좋다. 먼지가 많고 지저분하면 유해한 세균이 살게 되고, 피부병 등의 질환에 걸릴 수 도 있다. 사람은 건강해야 모든 일을 왕성하고 의욕적으로 처리할 수 있다. 가족 구성원 모두의 건강과 왕성한 사회 활동, 자녀들의 공부에 대한 집중력을 높이기 위하여 집안은 항상 청결하게 관리하여야 한다.

2) 환기를 잘 시키고, 집안이 습하지 않도록 관리한다

환기가 잘되어야 집안의 공기를 항상 맑게 유지 할 수 있다. 맑고 오염되지 않는 공기가 가득하면 집안에 생기(生氣)가 가득한 것과 같다. 또한 환기가 잘 되면 습도도 적절히 유지되기 마련이다.

3) 집안을 항상 밝게 관리한다

집안은 햇빛이 잘 들어 밝아야 좋다. 그러나 위치나 구조상 햇빛이 잘 들지 않을 수 도 있다. 이런 경우에는 불을 밝히고, 거울 또는 크리스탈 장식품 등을 이용한 빛의 반사로 집안을 밝게 한다.

4) 집안의 공간은 정사각형이 이상적이다

집안의 공간은 정사각형 모양이 이상적이다. 정사각형 내부에서 공기의 흐름이 원형을 이루게 되어 부드러우면서 통풍과 환기에 도움이 된다.

직사각형의 방에서는 옷장과 같은 가구를 긴 쪽에 배치를 하면 나머지 공간이 정사각형을 이룰 수 있다. 또한 비뚤어졌거나 튀어 나온 공간이 있는 방에서는 가구를 이용한 비보풍수(裨補風水) 논리를 적용하여 고쳐 사용한다.

5) 튀어나온 모서리는 비보(裨補)를 한다

집안에 기둥이나 모서리가 튀어 나오면 시각적으로 편안함이 떨어질 뿐더러, 공기의 원활한 흐름에 방해가 되며 일상생활에도 불편하고, 공간 활용도를 떨어뜨린다. 이와 같이 튀어나온 모서리는 비보를 하면 된다. 모서리 부분에 전등을 비추어 시각적으로 편안함을 확보하거나, 구석용 장식장이나 일반 가구로 가릴 수 있으며, 화분이나 꽃 등을 모서리에 놓으면 보완이 된다.

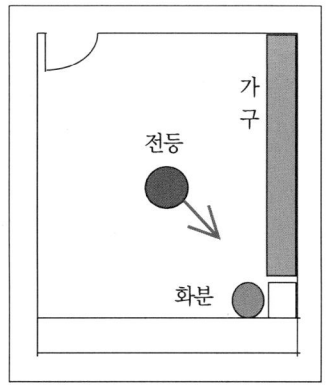

모서리 비보방법

6) 마당의 기(氣)를 활용 한다

마당이 잘 가꾸어져 있으면 항상 맑고 신선한 공기가 생성되어 좋다. 맑고 쾌적한 공기는 집안 분위기에도 좋은 영향을 주기 마련이다.

아파트에서는 베란다가 마당이다. 베란다에서 화초를 가꾸어 집안 공기를 맑고 쾌적하게 유지 할 수 있을 뿐만 아니라. 집안으로 유입되는 외부공기의 온도를 집안공기와 비슷하도록 만드는 완충지대 역할도 한다. 온도차가 심한 공기가 집안으로 유입되면 가족의 건강에 영향을 줄 수 있어 베란다의 역할이 중요하다.

7) 현관(玄關)은 햇빛이 들어오는 방위에 배치한다

현관(玄關)은 집안에서 밖으로 나가는 최종 공간이기도 하지만 집안으로 들어오는 첫 공간이기도 하다. 밖에서 집안으로 들어설 때 현관이 밝고 쾌적한 분위기를 주어야 집안에 들어오는 사람의 기분도 상쾌하기 마련이다. 따라서 현관은 항상 햇빛이 들어 밝고 온화해야 한다.

8) 부엌은 동쪽 또는 남동쪽에 있어야 좋다

부엌은 오전에는 햇빛이 들어 밝고 따뜻해야 하며, 오후에는 햇볕이 직접 들지 않아야 온습도가 적정하게 유지된다. 햇빛은 싱싱한 재료와 음식 그리고 음식을 만드는 주부의 기분과 직결되기 때문에 가족 모두의 건강을 위하여 중요한 요소로 작용한다. 이러한 조건을 충족시키기 위해 부엌은 동쪽이나 남동쪽에 위치하면 좋다.

9) 거실은 남쪽이 좋다

거실이 남쪽에 있으면 온종일 밝고, 추운 겨울에는 따뜻하고, 더운 여름에는 시원하여 가족 모두의 기분을 좋게 한다. 뿐만 아니라 냉난방비도 절감할 수 있다. 집을 지을 때 지형(地形)상 남향이 불가능하면 거실을 남쪽에 배치하고 남쪽에 창문을 내면 남향집과 다르지 않다.

3.3.4. 공간별 인테리어풍수

1) 현관(玄關)

현관문이 열리면 외부공기는 사람과 함께 집안으로 들어가게 된다. 이때 현관 바닥에 있는 먼지, 신발에 붙어있던 세균과 냄새가 유입되어 집안 공기를 혼탁하게 만든다. 현관을 항상 청결하게 하려면 동쪽이나 남동쪽 방위가 도움이 되는데, 동쪽과 남동쪽은 햇빛이 잘 들어 밝고, 자외선에 의한 소독과 습기제거가 가능하기 때문이다. 또한 집안으로 들어서는 사람이 첫 공간부터 밝고 쾌적한 환경을 만나면 기분이 좋아 가족구성원 모두의 분위도 좋아 진다. 좋은 분위기를 위해 현관은 다음과 같이 인테리어를 하면 된다.

(1) 현관(玄關)에는 밖으로 통하는 문과 안으로 통하는 내문(內門)이 따로 있어야 한다. 이때 두 문은 일직선상에 있으면 좋지 않다. 내문(內門)이 없을 경우에는 출입문 정면에 가구로 막는 비보(裨補)를 하면 된다. 이때 가구의 높이는 1m 정도가 좋고, 조금 낮을 경우에는 가구위에 화분을 올려놓으면 좋다.

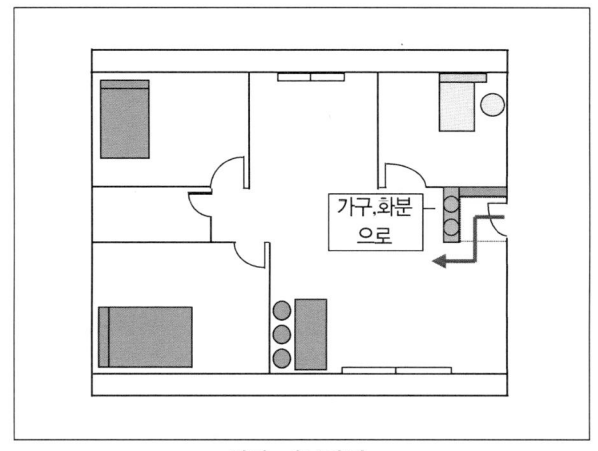

가구,화분으로

현관 비보방법

(2) 현관(玄關)은 자연채광으로 항상 밝게 유지하면 좋다. 자연채광이 불가능하여 어두우면 조도(照度)가 높은 전등을 사용하거나, 크리스탈 전등을 사용한다.

(3) 거울로 빛을 반사시켜 밝게 한다. 이때 거울은 출입문과 일직선상에 걸면 안 된다.

(4) 현관(玄關)에 신발을 가급적 적게 두는 것이 좋다. 신발이 많으면 먼지와 냄새, 세균 등으로 공기가 혼탁해진다. 따라서 신발은 가급적 신발장에 보관하고, 잠깐 신을 수 있는 슬리퍼 한두 켤레만 두면 좋다.

(5) 현관(玄關)에는 인형, 동물상, 우산꽂이, 빈 꽃병, 취미도구 등

을 놓지 않는 게 좋다. 현관은 항상 정리정돈을 잘하고, 청결하게 관리하는 게 좋다.

2) 침실(寢室)

침실(寢室)은 내일을 위하여 힘을 비축하거나 지친 심신(心身)을 회복시키는 중요한 장소이다. 숙면(熟眠)을 취하면 아침에 변(便)을 시원하게 볼 수 있고, 변을 잘 보면 즐겁게 먹을 수 있어 건강해진다고 한다. 숙면을 취하기 위한 침실의 인테리어 요령은 다음과 같다.

(1) 침대(寢臺)는 반드시 출입문과 대각선에 배치한다. 침대는 숙면을 취하는데 중요한 역할을 하기 때문이다.

(2) 침실(寢室)은 빛이 잘 차단되어야 한다. 따라서 침실의 커튼은 두터운 천을 사용하는 것이 좋다.

(3) 침실(寢室)에는 녹색식물을 두지 않는다. 녹색 식물은 밤에 이산화탄소를 배출하여 잠자는 시간동안 산소가 부족해지기 때문이다.

(4) 잠자는 방위

잠을 잘 때 머리를 두는 방위는 방안 구조와 침대배치에 따라 정하는 것이 우선이다. 즉 형세론(形勢論) 논리로 머리 방향을 정하고, 그 다음 침대를 90°를 돌릴 수 있을 때 방위를 선택하면 된다.

각 방위가 가지고 있는 오행(五行)의 기(氣)를 간략하게 언급한다.

① 동침(東寢)

동쪽은 하루 중 아침, 사계절로는 봄에 해당하는 방위로 기운이 솟아오르는 방향이다. 따라서 성장기에 있는 사람, 공부를 하는 학생, 좋은 아이디어를 필요로 하는 직업에 종사하는 사람에게 도움이 되는 방위다.

② 서침(東寢)

서쪽은 하루 중 해질 무렵, 사계절로는 가을에 해당한다. 따라서 모든 기운이 점점 사그라지는 방위이기 때문에 젊은 사람, 공부를 하는 사람 등에게는 좋지 않은 방위다. 그러나 나이가 많은 사람이나 안정을 필요로 하는 사람에게는 괜찮다.

③ 남침(南寢)

남쪽은 하루 중 한 낮, 사계절로는 여름에 해당되어 무덥고 열이 많은 방위다. 따라서 열이 많은 사람이나, 스트레스를 많이 받는 사람에게는 좋지 않다.

④ 북침(北寢)

사람에게 두한족열(頭寒足熱)을 실천할 수 있는 방위로 깊은 잠을 잘 수 있어 건강이 좋지 않은 사람에게 좋다.

3) 부엌

부엌은 가족구성원 모두의 건강과 직접적인 관련이 있는 공간이다. 주로 음식을 만드는 주부(主婦)의 기분을 좋게 할 수 있는 분위기여야 하며, 음식재료의 보관에 적합한 환경을 갖추어야 한다. 따라서 부엌은 아침과 오전에는 햇빛이 잘 들고, 오후에는 햇빛이 직접 들지 않는 방위에 있으면 좋다. 일조량(日照量)에 따라 부엌 공간의 온습도가 달라지고, 온습도에 따라 음식재료와 음식의 상태가 좌우되기 때문이다.

(1) 부엌은 주부(主婦)의 기분을 좌우하기 때문에 항상 밝고 청결해야 한다. 화목한 가정을 위해서는 가족구성원 모두의 역할도 중요하지만, 특히 가정주부의 역할은 더욱 중요하다. 주부의 기분에 따라 집안의 기분이 달라질 수 있기 때문이다.

(2) 부엌에서는 상극(相剋) 관계인 물[水]과 불[火]을 주로 사용하기 때문에 신경이 쓰이고 불안감을 주는 공간이다. 그래서 물과 불보다 안정감이 있는 꽃이나 식물을 놓아두면 마음이 편안해진다. 이것을 오행(五行)의 상생상극(相生相剋) 논리에서는 상극의 분위기가 상

생의 분위기로 전환된다고 본다.

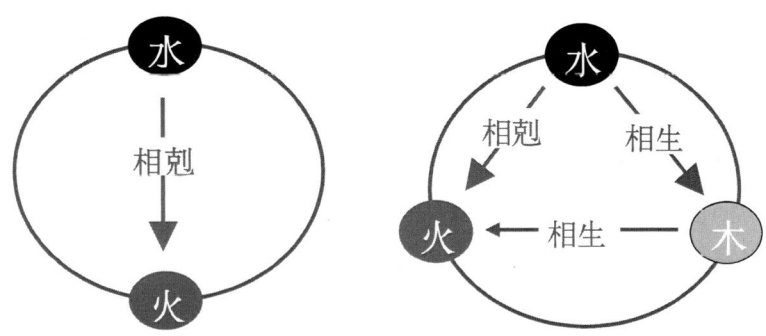

(3) 주의하여야 할 부엌 방위

① 서쪽

서쪽 부엌은 오후에 햇볕이 드는 방위다. 특히 하루 중 기온이 가장 높은 시간대에 햇볕이 많이 들기 때문에 음식을 만드는 사람이 힘들어하기도 하며, 음식과 재료의 변질이 쉬운 방위이기도 하다. 따라서 서쪽에 있는 부엌은 온도, 음식, 재료 관리에 신경을 써야 한다. 특히, 서쪽에 창문이 있을 경우에는 지나친 햇볕이 들지 않도록 커튼 등으로 차단을 시켜야 한다. 석양을 자주 바라보는 것은 정신 건강에도 좋지 않다.

② 북서쪽

동사택서사택(東四宅西四宅) 논리에서 북서쪽[乾]은 가장(家長)의 방위다. 따라서 부엌이 북서쪽에 있으면 가장이 가정(家庭)에 소홀하고 주부(主婦)가 가정을 주관하게 된다고 한다.

4) 화장실(化粧室)

화장실(化粧室)은 가족구성원 모두의 몸에서 배출되는 변(便)과 생활하수를 모아 외부로 내 보내는 기능을 수행하는 공간이다. 풍수지리에서 말하는 수구(水口, 破口)와 같은 곳이다.

(1) 화장실(化粧室)의 출입문과 변기 뚜껑은 항상 닫아 놓아야 좋다. 화장실과 변기는 집안의 수구(水口)이기 때문이다.

(2) 현관 출입문과 화장실 출입문이 일직선상에 놓이면 좋지 않다. 현관 출입문은 외부로부터 들어오는 곳의 문이고, 화장실 출입문은 밖으로 배출되는 곳의 문이다. 따라서 외부로부터 들어오는 기운이 화장실을 통하여 밖으로 바로 빠져나가는 것은 수구의 열림과 같은 현상이기 때문에 현관과 화장실 출입문이 일직선상에 놓이는 것을 꺼려하는 것이다.

(3) 화장실(化粧室)은 항상 깨끗하게 관리되어야 한다. 화장실은 생활오수와 변이 배출되는 곳이기 때문에 더욱 청결에 신경을 써야 한다. 화장실이란 잠깐이나마 휴식을 겸하면서 좋은 아이디어를 생각해 낼 수도 있는 공간으로 관리되면 더욱 좋다.

(4) 화장실(化粧室)의 조명은 밝아야 좋다. 화장실은 자연채광을 하기 어려운 곳에 위치한 경우가 많기 때문에 조도가 높은 조명등을 사용하여야 한다.

(5) 화장실(化粧室)은 항상 슬리퍼를 신고 이용하여야 한다. 화장실은 바닥과 벽이 습하여 곰팡이 균등이 있을 수 있으니 슬리퍼를 신고 출입하는 것이 좋다.

5) 자녀 방

(1) 공부를 하는 자녀는 책상의 올바른 배치가 필요하다. 공부를 하는 자녀의 집중력을 높이고, 공부의 능률을 높이기 위하여 침대배치도 중요하지만 그 보다는 책상의 배치가 더 중요하다.

(2) 책상과 침대는 천연목재를 사용하되, 검정색과 회색은 피한다. 모든 가구에 공통적으로 적용되는 내용이다. 소재는 천연목재가 좋

고, 색상은 밝고 따뜻한 것이 좋다.

(3) 자녀방의 방위별 특성

① 동쪽

동쪽에서 해가 떠오르기 때문에 어린 자녀들이 좋은 기운을 받으면서 욕망을 키워 나갈 수 있는 방위다. 특히 남자아이는 건강하게 자랄 수 있어 좋다.

② 남동쪽

남동쪽은 좋은 인연을 만들어 주고 인간관계를 좋게 하는 방위이기 때문에 여자아이에게 좋다.

③ 남쪽

남쪽은 하루 중 온도가 가장 높을 때 햇볕이 드는 방위다. 따라서 집중력과 능률을 떨어뜨리기 때문에 공부를 하는 자녀의 방으로 적합하지 않다. 그러나 예술적인 감각은 발달하는 방위다.

④ 남서쪽

남서쪽[坤]은 어머니의 방위이기 때문에 자녀가 사용하면 차분하기는 하나 패기가 부족한 아이로 성장할 수 있다. 자녀가 불가피하게 사용할 경우에는 동침(東寢)을 하는 게 좋다.

⑤ 서쪽

서쪽은 해가 지는 방위이기 때문에 성장하는 자녀의 방으로는 가장 나쁘다. 자녀가 불가피하게 사용할 경우에는 일몰 광경이 보이지 않도록 창문을 가리는 것이 효과적이며, 반드시 동침(東寢)을 하여야 한다.

⑥ 북서쪽

북서쪽[乾]은 가장(家長)의 방위이기 때문에 자녀의 방으로 사용하지 않는 게 좋다.

⑦ 북쪽

공부하는 자녀의 책상은 차분하고, 지식을 축적하는 방위인 북쪽에 배치하면 좋지만 성격적으로는 애 늙은이가 될 수 있다. 공부시간 외에는 지속적인 운동과 적극적인 활동을 필요로 하는 방위이다.

⑧ 북동쪽

남자아이에게는 상속자로서의 기(氣)가 축적되는 좋은 방위다. 항상 정리정돈을 잘 하여야 좋다.

6) 가구의 관리

모든 가구는 천연목재로 밝고 따뜻한 느낌을 주는 색상이 좋다. 검정색이나 회색 등은 좋지 않다.

(1) 현관의 가구

① 신발장

신발장은 높은 것 보다 옆으로 긴 것이 좋다. 신발은 어두운 색을 아래쪽에 밝은 색은 위쪽에 놓아야 한다. 신발장은 현관 출입문 정면 보다는 옆에 놓아야 하며, 꽃이나 화분을 올려놓으면 좋다.

② 우산 꽂이

우산 꽂이는 현관에 두지 않는 것이 좋으나 불가피 할 경우에는 습기가 없도록 관리한다. 우산은 밝은 색으로 긴 것이 좋다.

(2) 침실의 가구

① 침대

침대는 천연목재로 혼자라도 2인용을 사용하는 것이 좋다.

② 옷장

옷장은 햇빛이 들어오는 곳을 향하면서 통풍이 잘되는 곳에 놓는다.

③ 거울

거울은 세로로 긴 타원형을 햇빛과 마주보게 놓으면 좋다. 그러나 출입문이나 창문과 일직선상에 놓으면 안 된다.

(3) 부엌의 가구

① 그릇 보관함

천연목재가 좋으며, 햇빛이 비칠 수 있도록 배치한다. 조미료는 따로 보관하는 것이 좋다.

② 밥그릇

밥그릇은 비싼 것이 좋으나, 사용자 마음에 들어야 한다. 침구와 식기가 품위를 높여주는 물건으로 취급되기 때문이다.

③ 조미료 그릇

다른 가구와 색상이나 소재가 맞는 게 우선으로 크기가 일정하여야 한다. 한 군데에 항상 청결하게 보관하는 것이 좋다.

④ 냉장고

밝은 색상이 좋으나 지나치게 빛이 나는 밝은 색상은 좋지 않다. 맑은 공기가 들어오는 곳에 놓지 않아야 한다.

⑤ 쓰레기통

쓰레기통은 작은 것을 사용하여 자주 비울 수 있어야 좋다.

(4) 화장실의 가구

① 세면도구 보관함

화장실에는 가급적 물품 보관함을 두지 않는 것이 좋다. 꼭 필요하면 문이 달리지 않는 것을 사용한다.

② 청소용품 보관

청소용품은 보이지 않는 곳에 보관하는 것이 좋다.

(5) 거실의 가구

① 쇼파

쇼파는 가죽보다 천이 좋다. 지나치게 중후한 것은 피한다.

(6) 서재(書齋)

① 책상

책상은 클수록 좋으나 공간의 크기를 고려하여 선택한다. 간단하게 분리되는 책상은 좋지 않다.

② 의자

지나치게 편안한 안락의자는 좋지 않다.

③ 책장

책장은 책상과 같은 분위를 낼 수 있는 것이 좋다. 직사광선을 피할 수 있는 곳에 놓고, 정리정돈을 잘하여 한다.

7) 알아두면 좋은 방법

(1) 필요 없는 물건

① 몇 년씩 지나도 사용하지 않는 물건은 버린다.

② 유행에 지난 옷은 빨리 처분한다.

③ 일기장이나 메모지는 버리는 것이 좋다. 꼭 필요하면 빛이 없는 어두운 곳이나 북쪽에 있는 서랍에 넣어 보관한다.

④ 운이 좋은 사람이나 존경하는 사람으로부터 받은 선물은 좋으나, 그렇지 못한 사람으로부터 받은 선물은 없애는 것이 좋다.

(2) 주의해야 되는 인테리어

① 임신 중에는 집을 수리하지 않는다. 임신 중에 집을 수리하게 되면 먼지와 소음으로 태아(胎兒)에 나쁜 영향을 주게 되며, 임산부 역시 청소와 작업관리에 피로가 누적되어 좋지 않기 때문이다.

② 집안에 마른 꽃이나 동물 박제를 두지 말아야 한다. 대개 꽃 다발 선물을 받게 되면 오래 보관하기 위해 벽에 매어 달아 말리는 경우가 많다. 그러나 꽃에서는 꽃가루가 날리고, 마르면서 꽃잎이 부서지게 되며, 오래되면 먼지가 쌓이고, 곰팡이 등 세균이 번식할 수가 있어 오래 보관하면 좋지 않다.

박제 또한 털 속에 먼지가 쌓이고 세균이 번식할 수 있어 위생적이지 못하기는 마찬가지다.

(3) 좋은 운 만들기

① 현금의 보관은 차갑고, 어두운 방위인 북쪽에 보관하면 좋다. 돈이란 눈에 보이면 쓰고 싶은 충동을 느끼게 되기 때문에 잘 보이지 않는 곳에 보관 한다는 논리다.

② 지갑은 노란색 장지갑(長紙匣)이 좋다. 빨간색은 불[火]를 상징하여 열기(熱氣)가 많기 때문에 돈이 지갑에 머물기 힘들며, 검정색은 물[水] 기운으로 냉기(冷氣)가 강하여 지갑이 움츠러들어 돈의 움직임이 없어 지키기에 급급한 색상이다.

③ 결혼에 좋은 기(氣)를 가진 방위는 남동쪽[巽]이다. 남동쪽에 있는 방을 사용할 수 없을 경우에는 남동쪽에 냉방기를 설치하거나 꽃으로 장식하면 좋다.

④ 가장(家長)은 북서쪽[乾]에 있는 방을 사용하면 좋다. 북서쪽에 안방을 만들 수 없을 경우에는 가장이 소중하게 아끼는 물건을 보관하거나 꽃으로 장식하면 좋다.

(4) 집 주변 환경의 활용과 대처

① 집 앞에 있는 공원과 학교는 아주 좋다. 공원에서 생성되는 신선한 기(氣)와 생기가 넘치는 학생이 활발하게 움직이면서 나오는 강한 기(氣)를 접할 수 있기 때문이다.

② 다른 건물 모서리가 우리 집으로 향하면 좋지 않다. 마당에 나무를 심어 비보(裨補)를 하거나 화분으로 가려주면 좋다.

③ 집 가까이 병원이 있으면 좋지 않다. 이 경우 마당에는 나무를 심어 가꾸고, 집안에는 화분을 두면 좋다.

④ 교회나 절이 집과 마주하면 좋지 않다. 교회나 절의 입구가 집의 현관 출입문 또는 다른 문과 마주보는 경우는 더욱 나쁘다. 거울의 반사기능을 활용하여 비보(裨補)를 한다.

⑤ 쓰레기를 눈에 띄는 곳에 두는 것은 금기다.

제4장 물형론

4.1. 물형론의 풍수지리 이론

4.1.1. 물형론(物形論)의 정의

자연이 가지고 있는 고유의 특징에 맞은 용도로 인간은 그 자연을 활용하고, 인간이 활용하는 용도에 부합한 환경을 만들어 주는 것이 자연의 이치라면 서로가 서로를 지켜주는 원칙이 무엇 보다 중요한 것이다. 이 원칙을 지키기 위한 방법론으로 자연의 특징을 살아 있는 생명체나 사물에 빗대어 표현을 하면서 자연도 인간처럼 살아있는 유기체임을 강조한 것이 물형론(物形論)이다.

앞에는 넓은 들이 펼쳐지고, 산의 경사도가 원만하면서 토층이 두터운 지형을 소[牛]에 비유한 것이나, 삼면(三面)이 물로 둘러싸인 지형을 배에 비유한 것이 그렇다. 배형[舟形]의 지형에서는 토질이 연약한 사토질(沙土質)이라 우물을 파지 못하게 하여 지형 보존을 위한 방법을 제시하였다. 배 바닥에 구멍이 나면 배가 침몰된다는 과학적이면서 샤머니즘 적인 논리를 적용하여 그 지형을 보존하기 위해 노력한 것이다.

이와 같이 자연과 인간이 공존공생(共存共生) 할 수 있는 대안을 마련한 논리를 물형론(物形論)이라하며, 이를 형국론(形局論)이라고도 표현한다.

4.1.2. 물형론적 이름 짓기

『풍수학사전(김두규, 비봉출판사)』에 물형론의 이름 짓는 방법으로 오행산형(五行山形)을 따르거나 주산(主山), 내룡(來龍), 안산(案山), 명당수(明堂水), 혈형(穴形), 사(砂) 등을 따를 수 있다고 하여 원칙이 정리되어 있다. 그 내용을 중심으로 다음과 같이 정리해 본다.

1) 오행산형(五行山形)에 따르는 방법

(1) 목형산(木形山)

붓끝 또는 나무처럼 뾰족하게 우뚝 솟은 산을 목형산(木形山)이라 한다. 목(木)은 상승하는 기운을 갖고 있으며 반듯하면서 뾰족하다. 이를 유비적으로 해석하면 날카로움, 분별, 이지적 등의 속성을 갖는다고 말할 수 있는데, 주로 문인, 학자의 기질과 부합한다. 목형산에는 사람, 나무, 나무에서 피는 꽃, 봉황과 관련된 이름을 붙일 수 있다.

(2) 화형산(火形山)

산 정상이 불꽃처럼 뾰족뾰족하고 날카롭게 생긴 산을 화형산(火形山)이라 한다. 화(火)는 폭발하는 기운으로 불꽃이 타오르는 형상이며, 비상(飛翔)의 속성을 갖고 있다. 화형산에는 닭, 봉황, 연꽃 잎 등의 이름을 붙일 수 있다.

(3) 토형산(土形山)

산 정상이 일자(一字) 모양과 같이 반듯한 산을 토형산(土形山)이라한다. 그래서 일자(一字) 모양은 들짐승의 등에 비유된다. 토형산은 소나 코끼리의 등과 같은 모습이기 때문에 들짐승의 이름을 붙일 수 있다.

⑷ 금형산(金形山)

산 정상이 거북이의 등 또는 종(鍾)을 엎어놓은 것처럼 둥근 모양의 산을 금형산(金形山)이라 한다. 노적가리처럼 생겼다고 하여 노적봉(露積峰)이라고도 하며, 규모가 작은 것은 반달이나 초승달에 비유되기도 한다. 금형산은 들짐승의 머리를 닮았다 해서 들짐승이나 해와 달, 별 등의 이름을 붙인다.

⑸ 수형산(水形山)

산 정상이 물결 모양처럼 구불구불하게 생긴 산을 수형산(水形山)이라 한다. 수형산은 움직임이 물결과 비슷한 뱀, 용, 띠(帶), 꽃잎 등의 이름을 붙인다.

2) 혈 주변 형세에 따르는 방법

오행산형(五行山形) 말고도 물형론의 이름을 짓는 데는 주산(主山), 내룡(來龍), 안산(案山), 명당수(明堂水), 혈형(穴形), 사(砂) 등의 모양에 따라 이름을 붙일 수 있다.

이 경우 같은 지형에 여러 가지의 이름을 붙일 수 있는데, 삼면(三面)이 물로 둘러싸인 지형이 행주형(行舟形), 연화부수형(蓮花浮水形), 산태극수태극(山太極水太極) 등으로 동시에 불리는 것을 말한다.

4.2. 물형론(物形論)의 유형

4.2.1. 꽃[花]

1) 매화형(梅花形)

줄기는 목형(木形)이며, 꽃잎도 전체적으로 목형(木形)으로 본다.

매화(梅花)는 고결하면서도 땅에 떨어지면 향기가 사방(四方)에 퍼지는 특성이 있어 자손의 발복이 크다고 한다.

매화낙지형(梅花落地形, 매화꽃이 땅에 떨어진 형국), 매화만발형(梅花滿發形, 매화꽃이 만발한 형국) 등이 있다.

2) 복숭아꽃형[桃花形]

복숭아꽃이 땅에 떨어지면 모든 사람이 애석해 하는데, 이곳에 장사(葬事)를 지내면 모든 사람으로부터 추앙받는 군자(君子)가 난다고 한다.

도화낙지형(桃花落地形, 복숭아꽃이 땅에 떨어져 있는 형국), 홍도낙반형(紅桃落盤形, 붉은 복숭아가 쟁반에 떨어져 있는 형국), 홍도낙지형(紅桃落地形, 붉은 복숭아가 땅에 떨어져 있는 형국) 등이 있다.

3) 연꽃형[蓮花形]

주변산이 화형(火形)이며, 주산(主山) 또는 주변에 있는 산이 화산(花山, 華山)이란 지명(地名)을 갖는 것이 특징이다.

연꽃은 물위에 떠 있을 때 가장 아름답고 향기가 좋아 물위에 떠 있는 연꽃처럼 생긴 터에서 태어난 자손은 모두 원만하고 고귀(高貴)하다고 한다.

연화부수형(蓮花浮水形, 연꽃이 물위에 떠있는 형국), 연화반개형(蓮花半開形, 연꽃이 반쯤 피어 있는 형국), 연화도수형(蓮花到水形, 연 꽃이 물위로 숙이고 있는 형국) 등이 있다.

4.2.2. 날짐승[禽]

1) 기러기형[雁形]

제비나 기러기는 볏이 없고 유선형(流線型)이기 때문에 수형(水形)

을 특징으로 한다.

평사낙안형(平沙落雁形, 기러기가 넓은 백사장에 내려앉는 형국), 비안형(飛雁形, 기러기가 날아가는 형국), 비안함로형(飛雁含蘆形, 기러기가 갈대를 물고 날아가는 형국) 등이 있다.

2) 닭형[鷄形]

닭은 벼슬이 불꽃 모양과 비슷하여 주산은 화형(火形)을 요구하며, 청룡과 백호는 날개가 된다. 계란을 상징하는 작은 산이 앞에 있으면 이상적인 형국으로 본다. 전체적인 지형이 봉황형 보다 작은 규모이다. 닭은 새로운 세상과 질서, 입신출세와 부귀공명(富貴功名)의 상징이며, 많은 병아리를 한꺼번에 부화하기 때문에 자손이 번창 한다고 한다.

금계포란형(金鷄抱卵形, 금닭[天鷄]이 알을 품고 있는 형국), 황계포란형(黃鷄抱卵形, 노란 닭이 알을 품고 있는 형국), 계소형(鷄巢形, 닭둥우리처럼 생긴 형국) 등이 있다.

3) 봉황형(鳳凰形)

전체적으로 화형(火形)을 갖으며, 닭형 보다 규모가 크고, 머리부분은 목형(木形), 몸통은 금형(金形) 혹은 토형(土形), 꼬리 부분은 수형(水形)이다. 주변에 알[卵] 모양의 작은 산과 대나무[竹], 오동나무가 있으면 좋다.

봉황은 다섯 가지 색상의 깃털을 지니고, 다섯 가지의 소리를 내며, 오동나무에만 앉고, 대나무의 열매를 먹고사는 새라 하여 고결한 성품을 지닌 인물에도 비유했다.

비봉귀소형(飛鳳歸巢形, 봉황이 둥지로 돌아오는 형국), 비봉포란형(飛鳳抱卵形, 봉황이 알을 품고 있는 형국), 봉무형(鳳舞形, 봉황이 춤을 추는 형국), 봉두형(鳳頭形, 봉황의 머리 형국) 등이 있다.

4) 학형(鶴形)

화형(火形)의 산에서 하나의 능선이 길게 뻗어 내리면 학(鶴)으로 비유한다.

학(鶴)은 그 고고한 자태 때문에 선학(仙鶴)이라고도 불리었고, 장수를 상징하여 십장생(十長生)의 하나로 손꼽아 왔다. 특히 학 무늬를 기물에 새겨 장수와 행복을 기원하였던 것도 이 까닭이다

비학형(飛鶴形, 학이 날아가는 형국), 황학귀소형(黃鶴歸巢形, 노란 학이 둥지로 돌아오는 형국), 무학형(舞鶴形, 학이 춤을 추는 형국) 등이 있다.

4.2.3. 들짐승[獸]

1) 개형[狗形]

몸통은 토형(土形), 머리 부분은 금형(金形)으로 규모가 비교적 작다. 개형은 풍년과 다산을 상징하며 집안의 행복을 지켜 준다고 한다.

복구형(伏狗形, 개가 엎드려 있는 형국), 와구형(臥狗形, 개가 누워 있는 형국), 선구곡월형(仙狗哭月形, 신선한 개가 달을 보고 짖는 형국) 등이 있다.

2) 말형[馬形]

말은 토형(土形)의 형태이며, 천마의 경우 금형(金形)이 연이어지고 거기에 화형(火形)이 가미되어 전체적으로 토형(土形)의 형태를 갖는 것을 말한다. 주변에 물[水], 굴레[勒], 안장[鞍], 재갈[啣] 등을 상징하는 안산이 있으면 아주 좋다. 말은 목이 마르면 그 생각에만 몰두해서 다른 것을 되돌아보지 않고 앞에 있는 물로 급하게 뛰어든다고 한다. 이런 터에서는 좋은 기운이 왕성하다고 믿으며, 말이 언

제든지 물을 마실 수 있도록 앞에 못을 파둔다고 한다.

갈마음수형(渴馬飮水形, 목이 마른 말이 물을 마시는 형국), 주마탈안형(走馬奪鞍形, 달리는 말이 안장을 벗어 놓은 형국), 천마시풍형(天馬嘶風形, 천마가 울어 바람을 일으키는 형국) 등이 있다.

3) 소형[牛形]

주산은 소[牛]의 등을 연상할 수 있는 토형(土形), 머리 부분은 금형(金形)으로 육중한 느낌이 드는 산이어야 한다. 안산으로 곡초가 쌓여 있는 모양의 작은 산이나 구유 모양의 사(砂)가 있으면 좋다. 소형의 산은 토층이 두텁고 규모가 크며, 경사가 완만하여 넓은 논밭이 형성되어 풍요로우나 자손은 적다고 한다. 집터나 마을 터가 와우형일 때 제일로 친다. 소가 되새김질을 하는 모습이 평화와 태평, 풍요를 느끼게 하기 때문이다.

와우형(臥牛形, 소가 누워있는 형국), 황우도강형(黃牛渡江形, 황소가 강을 건너는 형국), 갈우음수형(渴牛飮水形, 목마른 소가 물을 마시는 형국) 등이 있다.

와우형과 곡초더미

4) 쥐형[鼠形]

규모가 작은 토형(土形)으로 머리 부분은 금형(金形)이다. 앞에 곡물, 방앗간, 창고 등을 상징하는 사(砂)가 있으면 풍요를 상징한다고 하여 좋은 것으로 본다. 쥐형은 새끼를 많이 낳기 때문에 다산을 상징하기도 한다.

노서하전형(老鼠下田形, 늙은 쥐가 밭으로 내려오는 형국), 영서투창형(靈鼠偸倉形, 영물스런 쥐가 창고 곡식을 훔치는 형국) 등이 있다.

노서하전형(회안대군묘)

5) 호랑이형[虎形]

몸통은 토형(土形), 머리는 금형(金形) 또는 금형(金形)이 연이어진 것이다. 앞에 개[犬], 노루, 사슴[獐/鹿]을 상징하는 안산이 있으면 이상적이다. 산 능선이 석맥(石脈)으로 이루어져 내려오면서 움직임이 많으면 용맹스런 호랑이와 같다고 하여 힘이 있는 것으로 본다.

복호형(伏虎形, 호랑이가 엎드려 있는 형국), 호미형(虎尾形, 호랑이 꼬리 형국), 호두형(虎頭形, 호랑이 머리 형국), 맹호출림형(猛虎出林形, 사나운 호랑이가 숲에서 나오는 형국) 등이 있다.

4.2.4. 문자

1) 물자형(勿字形)

한자(漢字)의 물(勿)자와 같이 생긴 형국으로 백호는 짧고, 청룡은 혈 앞까지 감쌀 수 있을 정도로 긴 경우를 말한다. 경주 양동마을이 물(勿)자 형국의 전형으로 알려져 있다.

2) 야자형(也字形)

한자(漢字)의 야(也)자와 같이 생긴 형국으로 청룡은 짧고, 백호는 길어 혈 앞까지 감싸 주는 경우를 말한다. 물(勿)자 반대 형국이다.

4.2.5. 사람과 신선

1) 스님형[僧形]

산의 윗부분은 목형(木形), 아랫부분은 수형(水形)으로 스님이 가부좌를 할 때의 모습이다. 중심이 되는 산은 사람의 단정한 모습[木形]을 취하지만, 주변에 어떤 모양의 산이 있느냐에 따라 스님형의 유형도 세분화된다. 바리[鉢盂]가 안산으로 요구되기도 한다.

노승예불형(老僧禮佛形, 늙은 스님이 예불하는 형국), 승무형(僧舞形, 스님이 춤을 추는 형국), 금불단좌형(金佛端坐形, 금부처가 단정하게 앉아 있는 형국) 등이 있다.

2) 신선형(神仙形)

선인(仙人) 형국에서는 주로 목형(木形)의 산이 주산이나 주변의 중심적 역할을 하여야 하며, 목형(木形)아래 화형(火形)의 산이 있어서 나부끼거나 흔들거리는 이미지[象]를 주어야 한다. 화형(火形) 대신 수형(水形)의 산이 있어야 한다고도 한다. 선인과 관련된 터에서 태어난 인물은 장수와 유유자적하는 화평과 세상을 꿰뚫어보는 지혜를 갖춘 것으로 여긴다.

선인무수형(仙人舞袖形, 신선이 춤추는 형국), 선인독서형(仙人讀書形, 신선이 책을 읽고 있는 형국), 운중선좌형(雲中仙坐形, 구름위에 신선이 앉아 있는 형국), 선인탄금형(仙人彈琴形, 선인이 거문고를 타는 형국), 오선위기형(五仙圍碁形, 다섯 신선이 바둑판 주위에 앉아 있는 형국) 등이 있다.

3) 옥녀형(玉女形)

주산은 목형(木形)이 기본을 이루며, 주변에 있는 산의 모양에 따라 이름이 달라진다. 안산으로 거울, 거문고, 빗[梳], 금비녀[金釵], 금북[金梭], 화장대, 화장도구, 베틀 등을 요구한다. 옥녀(玉女), 선녀(仙女), 미녀(美女), 미녀(媺女) 등은 비슷한 뜻이다. 옥녀란 절세의 미인으로, 마을의 수호신으로, 남녀 합궁의 뜻으로 등장하며, 풍요와 다산을 상징한다고 한다.

(1) 옥녀직금형(玉女織錦形, 옥녀가 베를 짜고 있는 형국)

앞에 북[梭], 오른 쪽에 침사수(沈絲水)가 있어야 한다. 이 터에서는 옥녀가 비단을 짜듯이 자손이 끊임없이 귀한 인물로 배출된다고 한다.

(2) 옥녀탄금형(玉女彈琴形, 옥녀가 가야금을 타고 있는 형국)

옥녀는 기예(遊藝)에 숙달한 여자, 금(琴)은 악기이다. 옥녀가 악기를 타면 모두 환희하고 춤추며 노래를 하게 된다. 이 터에서는 대대로 인재가 나며, 과거급제, 부자를 배출시킨다고 한다.

(3) 옥녀산발형(玉女散髮形, 옥녀가 머리를 손질하기 전에 풀어 헤치고 있는 형국)

산발(散髮)은 화장을 하기 위한 자세이므로, 곧 단정한 모습이 될 것을 예고한다. 때문에 이 형은 많은 사람들에게 선망을 받으며, 주의를 받게 될 재자가인(才子佳人)을 내게 된다고 한다. 안산으로 달 모양의 빗(月梳形), 오른쪽에 거울형, 왼쪽에 분갑 기름 항아리 모양을 요구한다.

4) 장군형(將軍形)

장군형은 사람이미지를 주는 목성(木星)의 산과 투구의 이미지를 줄 수 있는 금성(金星)의 산, 그리고 강한 기운을 느끼게 하는 바위 등으로 이루어진 봉우리가 중심을 이루는 것을 말한다. 장군형은 다시 주변에 어떤 유형의 산이 있느냐에 따라 다양하게 유형들이 세분화된다.

장군대좌형(將軍大坐形, 장군이 책상다리를 하고 앉아 있는 형국), 장군대좌형(將軍對坐形, 장군이 마주보고 앉아 있는 형국), 장군대좌형(將軍大座形, 장군이 책상다리를 하고 앉아 있는 형국), 장군패검형(將軍佩劍形, 장군이 칼을 차고 있는 형국), 장군격고형(將軍擊鼓形, 장군이 북을 두드리는 형국) 등이 있다.

4.2.6. 사물

1) 가락지형[環形]

가락지형은 금형(金形)의 변형이다. 가락지는 보물, 재산, 여성 자체를 상징한다. 특히 금가락지(金環)는 부귀영화를 상징하기에 귀하게 여긴다.

금환낙지형(金環落地形, 금가락지가 땅에 떨어져 있는 형국)이 있다.

2) 달형[月形]

달형은 금형(金形)을 기본으로 하며, 초승달 모양을 아미(蛾眉)형이라고도 한다. 초승달[新月]과 반달[半月]은 보름달[滿月]을 향해 점점 커 가는 상태에 있으므로 융성하는 기운, 늘어나는 수명, 높아지는 벼슬을 나타낸다고 한다.

반월형(半月形, 반달 형국), 운중반월형(雲中半月形, 구름 속에 있는 반달 형국), 백운반월형(白雲半月形, 흰 구름 속의 반달 형국) 등이 있다.

3) 배형[舟形]

배형은 삼면(三面)이 물[川, 江, 바다]로 둘러싸여 있는 형국으로 안동 하회마을이 그 전형이다. 행주형(行舟形)은 주로 양택(陽택)에 사용되는 형국으로 '키, 돛대, 닻' 모양의 사(砂)를 갖추거나 그렇지 못하면 하나라도 갖추면 좋다고 한다. 이 터에서는 사람 및 재화가 풍성히 모이는 발복이 있다고 믿는다.

행주형(行舟形, 배가 물위에 떠가는 형국), 부주형(浮舟形, 물위에 떠 있는 배 모습) 등이 있다.

행주형(하회마을)

행주형(의성포)

4) 허리띠형

전체적인 형국은 수형(水形)이다. 혈 뒤에는 귀인사가 있고, 혈 앞에는 옥(玉)을 단 관복사가 있으면 좋다. 고귀한 사람이 관복을 입고

띠를 기분 좋게 바람에 나부끼고 있는 형상이기 때문에 자손 중에 고위 관직자가 배출된다고 한다.

풍취라대형(風吹羅帶形, 바람에 흩날리는 띠의 형국)이 있다.

4.2.7. 기타(동물)

1) 거미형(蜘蛛形)

주산은 토형(土形)의 산으로서 통통한 거미의 몸통, 그리고 좌우 청룡백호는 화형(火形)으로 다리에 해당된다.

지주포란형(蜘蛛抱卵形, 거미가 알을 품고 있는 형국), 지주결망형(蜘蛛結網形, 거미가 거미줄을 만드는 형국) 등이 있다.

2) 거북이형[龜形]

전체적으로 금형(金形)의 모양을 띠며, 안산으로 개구리 등의 사(砂)가 필요하다. 금구(金龜)는 천구(天龜)로 수명이 길고 신성한 존재로 여긴다. 천구(天龜)가 진흙에 빠지면(金龜沒泥) 토생금(土生金)이 되어 땅 속의 기운을 받아 만물을 낳는다고 한다. 따라서 집터로서 더 바랄 것이 없다고 한다.

금구몰니형(金龜沒泥形, 거북이가 진흙으로 들어가는 형국), 복구형(伏龜形, 거북이가 엎드려 있는 형국), 구미형(龜尾形, 거북이 꼬리 형국) 등이 있다.

3) 게형[蟹形]

몸통은 금형(金形)이며 다리는 화형(火形)을 띤 것이다. 주변에 게 거품을 품어 놓은 것과 같이 물기가 질펀한 늪지가 있어 한다.

게형(蟹形, 게처럼 생긴 형국), 갈해음수형(渴蟹飮水形, 목마른 게가 물 마시는 형국), 해면형(蟹眼形, 게가 잠을 자는 형국), 해목형(蟹目形, 게의 눈처럼 생긴 형국) 등이 있다.

해목혈과 연못

4) 뱀형[巳形]

뱀은 전형적인 수형(水形)에 해당된다. 안산으로 뱀의 먹이인 쥐[鼠], 개구리[蛙] 혹은 물[水] 등을 상징하는 자그마한 흙더미나 바위를 요구한다. 용형(龍形)에 비해 규모가 작다.

사두형(巳頭形, 뱀의 머리처럼 생긴 형국), 생사추와형(生蛇追蛙形, 뱀이 개구리를 쫓는 형국), 장사추와형(長蛇趨蛙形, 기다란 뱀이 개구리를 쫓는 형국), 사반형(蛇蟠形, 뱀이 똬리 튼 형국), 황사출림형(黃巳出林形, 누렁 뱀이 숲속을 나오는 형국) 등이 있다.

사두혈과 개구리

사두혈과 연못

5) 용형(龍形)

수형(水形)을 기본으로 하며, 안산으로 여의주[珠], 강(江), 천(泉)을 요구한다. 안산을 향해 내려오는 산줄기 수에 따라 쌍룡(雙龍), 오룡(五龍), 구룡(九龍)의 이름이 붙여질 수 있다. 규모, 변화, 굵기가 큰 것을 용형(龍形)으로 분류한다.

용두형(龍頭形, 용의 머리처럼 생긴 형국), 용미형(龍尾形, 용의 꼬리처럼 생긴 형국), 와룡형(臥龍形, 용이 누워있는 형국), 오룡쟁주형(五龍爭珠形, 다섯 마리의 용이 여의주를 서로 차지하려고 다투는 형국), 운중발룡형(雲中發龍形, 구름 속에서 용이 나오는 형국) 등이 있다.

6) 지네형[蜈蚣形]

머리 부분은 금형(金形)이 토형(土形)의 성질을 띠고 몸통 좌우로 뻗은 수많은 다리는 수형(水形) 혹은 화형(火形)의 특징을 지닌다. 지네형에서는 '지네-닭-매', '지네-닭-개'와 같은 긴장된 삼각관계를 요구한다. 지네형을 좋은 터로 여기는 것은 지네의 다리처럼 자손이 번성하고, 재화를 많이 모을 수 있으리라 기대하기 때문이다. 지네형의 단점은 산이 높고 골이 깊고 좌우의 보좌하는 산들이 너무 가까워 후손들의 생활입지가 항상 불안함을 면하기 어렵고, 또 주위의 산들이 항상 자신과 겨루듯 벌려 있다는 점이다.

오공형(蜈蚣形, 지네처럼 생긴 형국), 오공비천형(蜈蚣飛天形, 지네가 하늘을 나는 형국) 등이 있다.

參考文獻

郭璞, 최창조 역(1993) : 『청오경・금낭경[장서]』, 민음사.

郭璞, 허찬구 역(2005) : 『장서역주』, 비봉출판사.

김광원(1993) : 『풍수지리』, 대원사.

김두규(1993) : 『일터와 집터』, 포도원.

김두규(1995) : 『한국풍수의 허와 실』, 동학사.

김두규(1998) : 『우리 땅 우리 풍수』, 동학사.

김두규(2000) : 『조선 풍수학인의 생애와 논쟁』, 궁리.

김두규(2000) : 「국역 조경으로서의 비보풍수 연구」, 『한국정원학회』 제18권 4호.

김두규(2003) : 「환경과 풍수」, 『전통과 환경』, 소성학술연구원.

김두규(2003) : 『우리풍수 이야기』, 북하우스.

김두규(2005) : 『풍수학사전』 p.717-782, 비봉출판사.

김현욱・김두규・김용기(2002) : 「조선왕조실록 분석을 통한 한양의 비보풍수 유형에 관한 연구」, 『한국정원학회지』 제20권 3호.

박시익(1987) : 『풍수지리설 발생배경에 관한 분석연구』, 고려대학교 박사논문.

박시익(1999) : 『한국의 풍수지리와 건축』, 일빛.

徐善術・徐善繼(1564) : 『人子須知』, 竹林印書局.

徐善術・徐善繼, 김동규 역(1982) : 『人子須知』 p.839-912, 불교출판사.

이중환, 이익성 역(1993). 『택리지』, 을유문화사.

장남식(2005) : 『대학생을 위한 사주입문』, 예다현.

程子 : 『葬說』.

朱子 : 『山陵議狀』.

『地理正宗』.

蔡成禹, 김두규 역(2002) : 『명산론』 p.118-132, 비봉출판사.

村山智順, 최길성 역(1990) : 『조선의 풍수』, 민음사.

최낙기(2005) : 『지명과 풍수지리의 관련성 연구』 -전북 임실군을 중
　　　심으로-, 선문대학교 석사논문.

최창조(1984) : 『한국의 풍수사상』 p.292-195, 민음사.

胡舜申, 김두규 역(2004) : 『지리신법』, 비봉출판사.

홍대용 : 「毉山問答」, 『國譯湛軒書』, 민족문화추진회.

홍만선 : 「山林經濟」, 『國譯山林經濟』, 민족문화추진회.

· 저자 ·

최낙기   •약력•
(崔洛畿)   1958년 전북 임실 출생
            선문대학교 풍수지리 강사

            •주요논저•
            「지명과 풍수지리의 관련성 연구」

            외 다수

풍수지리를 올바로 알면
부자가 될 수 있다

· 초판 인쇄   2007년 2월 27일
· 초판 발행   2007년 2월 27일

· 지 은 이   최낙기
· 펴 낸 이   채종준
· 펴 낸 곳   한국학술정보㈜
             경기도 파주시 교하읍 문발리 526-2
             파주출판문화정보산업단지
             전화 031) 908-3181(대표) · 팩스 031) 908-3189
             홈페이지 http://www.kstudy.com
             e-mail(출판사업부) publish@kstudy.com
· 등   록   제일산-115호(2000. 6. 19)
· 가   격   22,000원

ISBN   978-89-534-6418-6 93380 (Paper Book)
        978-89-534-6419-3 98380 (e-Book)